Dieter Buck

Burgenziele im Ländle

Dieter Buck

Burgenziele im Ländle

- Wandern
- Entdecken
- Erleben

Silberburg-Verlag

Umschlagfoto: Burg Lichtenberg thront hoch über dem Bottwartal.
Foto Seite 1: Wasserspeier am Helfensteiner Bergfried
Foto Seite 2/3: Blick von der Burg Hohenzollern über das Albvorland auf die Albhochfläche

Dieter Buck
geboren 1953, war zunächst als Bildhauer tätig. Später wäre er fast zur Fotografie übergewechselt, was ihm bei der Illustration seiner mittlerweile rund fünfzig veröffentlichten Bücher zugute kommt. Seit vielen Jahren schreibt er Reise-, Radwander- und Wanderführer, Bildbände und Landschaftsmonografien. Außerdem ist er leitender Redakteur eines alpinen Magazins und Herausgeber des Schwaben-Kalenders.
Im Silberburg-Verlag sind von ihm erschienen: »Das Große Buch vom Schönbuch«, »Das Große Buch vom Stromberg-Heuchelberg«, »Malerische Städteziele«, »Wasserziele im Ländle«, »Aussichtsziele im Ländle«, »Ausflugsziel Schönbuch«, »Ausflugsziel Remstal«, »Ausflugsziel Stromberg-Heuchelberg«, »Ausflugsziel Schwäbisch-Fränkischer Wald«, »Ausflugsziel Gäu«, »Ausflugsziel Hohenlohe«, »Ausflugsziel Unterland«, »Spazier-Ziele auf der östlichen Alb«, »Spazier-Ziele auf der westlichen Alb«, »Wanderziel westliche Alb«, »Wanderziel östliche Alb«, »Wandern in der Region Stuttgart«, »Stuttgarter Wanderbuch« und zusammen mit dem Historiker Harald Schukraft das Buch »Stuttgarter Grenz-Wanderungen«.

1. Auflage 2007

Umschlaggestaltung: Frank Butzer, Tübingen,
unter Verwendung einer Photographie von Dieter Buck.
Kartengrundlage: Topographische Karte 1 : 100 000 Baden-Württemberg © Landesvermessungsamt Baden-Württemberg (www.lv-bw.de), vom 10.01.2007,
Az.: 2851.2-D/5440, bearbeitet durch den Verlag.
Bilder im Innenteil: Rainer Fieselmann, S. 155;
alle anderen Bilder: Dieter Buck, Stuttgart.
Lektorat: Werner Brenner, Rottenburg am Neckar.
Layout und Satz: textdesign, Martin Fischer, Tübingen.
Druck: Grammlich, Pliezhausen.

ISBN 978-3-87407-732-3

Inhalt

Burgenziele im Ländle

Vorwort

Liebe Leserin, lieber Leser,

zu den beliebtesten Ausflugszielen für Jung und Alt gehören Burgen und Ruinen, schließlich gibt es hier doch immer etwas zu entdecken. Man erinnert sich an alte Märchen, Sagen und Geschichten, weiß vielleicht etwas von der besuchten Anlage oder liest es nach.

Vor allem Kinder kann man mit einer Burg oder Ruine als Ziel immer zu einem Ausflug oder einer Wanderung locken. Welcher Junge hat sich nicht schon als Ritter in glänzender Rüstung auf einem Pferd, welches Mädchen sich nicht als Ritterfräulein im langen Gewand gesehen? Nun sind natürlich lange Wanderungen nicht unbedingt nach dem Geschmack der Nachwuchsritter und -ritterfräulein. Deshalb stehen bei jeder Burg oder Ruine, die in diesem Buch beschrieben wird, auch Angaben, wie man sie auf dem kürzesten Weg erreicht.

Damit man auch weiß, was jeweils zu sehen ist, sind die Anlagen ausführlich erklärt. Oft findet man an Ort und Stelle auch Tafeln vor, auf denen das Wesentliche über die Burg und ihre Bewohner geschrieben steht.

Die Ausflüge führen zu Burgen und Ruinen in einem großen Teil unseres »Ländles«. Am bekanntesten als »Burgenland« ist sicherlich die Schwäbische Alb, aber man staunt, wie viele sehenswerte Anlagen es in anderen Gegenden gibt. Sogar in Stuttgart, das einst mehrere Burgen besaß, ist noch eine Tour zu einer sehenswerten Ruine beschrieben.

Ruine Liebeneck im Würmtal

Was dieses Buch nicht ist, ist ein wissenschaftlicher Burgenführer. Es soll Sie zu den heutigen Anlagen führen und Ihnen Anhaltspunkte zu ihrer Geschichte und den Bauwerken selbst geben – und es soll Ihnen natürlich mit diesem »Hintergrundwissen« einen schönen und erfüllten Ausflugstag verschaffen.

Dieter Buck

Ruine Guttenberg

Ruine Guttenberg – Heinsheim – Bergkirche – Ruine Guttenberg

Da in der Ruine Guttenberg mit der Anlage, dem Museum und vor allem der Greifvogelwarte außergewöhnlich viel zu sehen ist, wird hier nur ein kurzer Spaziergang beschrieben. Er bietet aber mit dem Besuch der Bergkirche und dem Schloss Ehrenberg – das allerdings nicht besichtigt werden kann – interessante Erlebnisse.

- **Ausgangspunkt:**
Haßmersheim-Neckarmühlbach, Ruine Guttenberg.

- **Wegverlauf:**
Wir parken auf einem der Parkplätze bei der Burg – eventuell auf dem Waldparkplatz. Dann müssen wir uns entscheiden, ob wir vor oder nach dem Spaziergang die Anlage besichtigen wollen. Da man sich dort bestimmt lange aufhalten wird, ist es vielleicht empfehlenswert, die Besichtigung für das Ende der Runde einzuplanen.

Die um 1200 erbaute **Burg Guttenberg** (etwa 200 m) wurde vielleicht 1232 mit einem Zobelo de Gudenberg, sicher aber 1296 als Castrum Gudenberg erstmals erwähnt. Sie gehörte den Staufern, nach deren

Von der Neckarseite aus ist die Ruine Guttenberg eine weithin sichtbare Landmarke.

Aussterben die Reichsdienstmannen von Weinsberg Besitzer der Burg wurden. 1449 wurde sie von Reichserbkämmerer Konrad von Weinsberg für 6000 rheinische Gulden an Hans den Reichen von Gemmingen (1394–1490!) verkauft. Dessen Familie – sie gehörte zu den ersten Adeligen im Kraichgau, die sich der Reformation anschlossen – besitzt die Anlage heute noch, inzwischen in der 17. Generation.

Die durch die Straße getrennte Vorburg wird von einer von zwei Rundtürmen flankierten Toranlage gesichert; gegen Nordosten liegen die Stall- und Remisengebäude. Das Brunnenhaus vor dem Haupttor der Vorburg ist ein 1555 errichteter massiver Steinbau mit Staffelgiebeln, an dem das Doppelwappen der Gemmingen angebracht ist. Der Alte Bau stammt aus dem 15. Jahrhundert. Mit dem Bergfried verbunden ist der nördlich liegende Neue Bau (1545). Das Treppenhaus zeigt an dem prächtigen Barockportal die Jahreszahl 1776.

Die Ruine Guttenberg zeigt sich von der Außenseite abschreckend und fast uneinnehmbar.

Die Kernburg umschließt auf ovalem Grundriss einen kleinen Hof mit Bauwerken vom 13. bis ins 18. Jahrhundert. Er wird von der fast zwanzig Meter hohen Schildmauer (12./13. Jh.) begrenzt. Der quadratische Bergfried (13. Jh.) besitzt ein Seitenmaß von achteinhalb Metern und zwei Meter starke Wände; sein Eingang lag früher etwa 15 Meter hoch. Ursprünglich war der Bergfried 24 Meter hoch. Später wurden noch zwei Stockwerke aufgesetzt, sodass seine heutige Höhe vierzig Meter beträgt. Die Wohngebäude wurden im 14. und 15. Jahrhundert errichtet und im 16. Jahrhundert ausgebaut. Um die gesamte Kernburg läuft ein doppelter Zwinger mit sechs runden Ecktürmen.

In der Burg verbrachte Wilhelm Hauff den Sommer 1825 als Lehrer und Erzieher bei dem württembergischen General und Minister Ernst Eugen Freiherr von Hügel und schrieb hier Novellen. Dazu gehört »Das Bild des Kaisers«, die auch auf der Burg Guttenberg spielt.

Es gibt ein sehenswertes Burgmuseum, und in den Außenanlagen befindet sich die Deutsche Greifenwarte, die Flugvorführungen veranstaltet.

Wir spazieren zuerst auf dem Sträßchen zum *Waldparkplatz* und folgen ihm weiter bis zu einer Querstraße, die nach links nach Heinsheim führt. Hier biegen wir nach rechts ab und marschieren nach *Zimmerhof*. Am Ortsanfang biegen wir nach links in die Sonnenstraße ab, gleich darauf am Anfang der Straße Am Taubenloch sehen wir einen *Spielplatz*. Nun wandern wir links von ihm und von den Häusern etwa eine Viertelstunde weiter, bis der Weg nach links abknickt. Er bringt uns nach *Heinsheim*. Im Ort sehen wir rechts das Schloss. Danach sollten wir dort, wo die Lehensteige nach links abzweigt, zur *Bergkirche* hochgehen, in der man sehenswerte Fresken und ein prachtvolles Grabmal findet.

Anschließend gehen wir wieder in den Ort hinab, dort noch kurz nach links, dann mit der Straße

nach rechts. Wir behalten immer unsere Richtung bei, bis wir vor dem Neckar stehen, wo wir nach links abbiegen. Es geht entlang des Flusses bis zur Landstraße, dann etwa 1300 Meter auf dieser bis zu einer Querstraße. Kurz vor der Querstraße folgen wir dem Wanderzeichen rote Raute nach links. Wir kommen zum Waldrand und gehen hier nach rechts weiter. Bald treffen wir auf das Zufahrtssträßchen zur Burg, dem wir zum Ausgangspunkt folgen.

Die weiße Frau vom Schloss Guttenberg

Im Schloss Guttenberg ging einst eine Frau um. Viele hatten sie gesehen: Sie war groß, in weiße Kleidung gehüllt, alt und runzlig. Den Mägden war sie sehr hilfreich. Wenn diese selbst fleißig waren, half sie ihnen bei der Arbeit, vor allem beim Waschen. Es kam aber auch vor, dass sie nur dastand und den anderen beim Arbeiten zuschaute. Manchmal jedoch saß sie aber auch einer Magd von hinten auf, wenn diese gebückt am Backtrog stand. Schaute sich das Mädchen um, war die weiße Frau verschwunden.

Auch des Nachts konnte man sie hören. Sie warf dann in den Gängen ganze Arme voll Brennholz vor die Öfen. Am nächsten Morgen war jedoch alles wieder verschwunden. Einem Knecht auf dem Schloss, der ihr aus Neugierde manchmal nachging, nahm sie von Zeit zu Zeit die Bettdecke weg und trug sie in eine Zimmerecke.

Morgens schlich sie immer über den Schlosshof ins Waschhaus und verschwand dort in einer dunklen Ecke. Ein Schlossherr ließ einmal nachgraben, und man fand das Gerippe eines großen Erwachsenen und das eines kleinen Kindes. Vielleicht hatte sie dieses umgebracht und war dann später mit ihm zusammen begraben worden.

Als man die Gebeine der beiden ordentlich auf dem Friedhof beerdigt hatte, hörte die weiße Frau auf zu spuken.

- **Länge:**
  Etwa 8 Kilometer.

- **Zeit:**
  Etwa 2 Stunden.

- **Höhenunterschied:**
  Etwa 150 Meter.

- **Empfohlene Karte:**
  Blatt 31 Odenwald Südost, Landesvermessungsamt Baden-Württemberg.

- **Einkehrmöglichkeit:**
  Ruine Guttenberg.

- **Sonstiges:**
  Die Wanderung verläuft auf festen Wegen.

- **Kurzzugang:**
  Vor der Anlage befinden sich Parkplätze.

Ruine Weinsberg/ Weibertreu

Weinsberg – Ruine Weibertreu – Schemelsberg – Weinsberg

Dieser Spaziergang ist kurz gehalten, sodass er auch mit kleineren Kindern zu meistern ist. Dafür hat man Zeit, die gut in Schuss gehaltene Burgruine ausgiebig zu besichtigen, die Aussicht in den Weinbergen zu genießen und anschließend einen Bummel durch das Städtchen zu unternehmen. Wer will, kann auf dem »Gipfel« des Schemelsbergs auch grillen, was insbesondere für Kinder ein schöner Ausklang ist.

- **Ausgangspunkt:**
  Weinsberg.

- **Wegverlauf:**
  Wir parken bei der Weinsberger *Johanneskirche,* die wir erreichen, wenn wir in Weinsberg der Beschilderung »Weibertreu/Hildthalle« folgen. Hier befinden wir uns bereits unterhalb des Burgbergs. Wir spazieren erst auf dem in die Weinberge führenden Weg, dann steigen wir auf Stufen hinauf zur *Ruine.*

Die wahrscheinlich schon in ottonischen Zeiten erbaute, 1020 als Eigentum der Grafen von Calw erwähnte Burg und heutige **Ruine Weinsberg** (272 m) liegt auf einem kegelförmigen und von Rebhängen überwachsenen Hügel und wird entsprechend ihrer Geschichte auch »Weibertreu« genannt. Um 1037 wurde sie Witwensitz der Gräfin Adelheid, Mutter von Kaiser Konrad II. (1024–1039). Auch ihrem Enkel, dem 1090 verstorbenen Bischof Adalbero von Würzburg, diente die Burg als Alterssitz.

Umgeben von Weinbergen sitzt die Ruine Weinsberg gleich einer Krone auf einem Berggipfel.

1133 kam die Burg in den Besitz von Welf VI., als er Uta von Calw heiratete. Da er Ansprüche auf den Thron erhob, wurde er vom gewählten Stauferkönig Konrad III. bekämpft. Am 15. November 1140 begann die Belagerung der Burg, die entscheidende Schlacht fand am 21. Dezember an ihrem Fuß statt. Ein Entsatzheer war bei Ellhofen geschlagen worden. Welf, der sich in Bayern aufgehalten hatte, eilte der Burg zwar zu Hilfe, konnte jedoch nur mit Mühe selbst entkommen. Die Burg musste sich auf Gnade und Ungnade ergeben. Nun spielte sich vielleicht die Geschichte der »treuen Weiber von Weinsberg« ab: Der König erlaubte den Frauen, aus der Burg zu schaffen, was sie tragen konnten. Sie schleppten angeblich ihre Männer aus den Mauern, und der König ließ sie gewähren.

Danach war die Burg ein wichtiger Stützpunkt der Staufer, und Friedrich von Rothenburg, Sohn von König Konrad III., nannte sich Herzog von Weinsberg. Die Staufer übergaben die Burg einer Ministerialenfamilie, die sich nach ihr nannte. Ihre Blütezeit war um 1400. Über zwölf Generationen lang nahmen Angehörige der Familie hohe Stellungen ein, darunter als Erzbischof, Landvogt, Reichsmünzmeister oder Reichserbkämmerer. 1450 wurde die Burg an die Kurpfalz verkauft und 1504 mitsamt der Stadt von Herzog Ulrich von Württemberg erobert.

Im Bauernkrieg wurde die Burg am Ostersonntag, 16. April 1525, erobert und zerstört. Der 27-jährige Hauptmann Ludwig Graf von Helfenstein und seine Ritter wurden durch die Spieße des Neckartäler Haufens unter der Führung des gewalttätigen Jäcklein Rohrbach gejagt und getötet. Es nützte nichts, dass Ludwigs Frau, eine Tochter Kaiser Maximilians, Jäcklein mit einem Kleinkind auf dem Arm um Gnade bat und ihm die Stiefel küsste – der Graf, 14 Adelige und elf Kriegsknechte wurden getötet. Seither ist die Burg eine Ruine.

Später kümmerte sich der in Weinsberg ansässige Dichter und Arzt Justinus Kerner um die verfallende Anlage. Er ließ an den Schießscharten am Turm im Wind tönende Äolsharfen anbringen. Sein Sohn Theobald veranlasste, dass die Namen von achtzig bekannten Burgbesuchern (unter anderem Gustav Schwab, Wilhelm Hauff, Nikolaus Lenau, Herzog Alexander) am Sockel des Bergfrieds angebracht wurden. Von Kerners listigen Bemühungen um die Sanierung erzählte sein Sohn: »Mein Vater war jeden Morgen mit Tagesanbruch oben und überwachte die Ausgrabungen ... Die Tagelöhner waren von äußerstem Fleiße, jeder wollte der erste an der Arbeit sein, weil sie hofften, einen Schatz zu finden, in welchem Glauben sie mein Vater, um sie zum Geschäfte zu treiben, bestärkte, indem er hie und da eine abgeschliffene Münze, farbige Glasperlen und so weiter in den Schutt steckte.«

Man sieht noch Reste der Ummauerung aus der Stauferzeit und die innere Ringmauer (13./14. Jh.) mit mächtigen Geschütztürmen (16. Jh.).

Anschließend gehen wir wieder hinab bis an das Ende der Stufen, wo wir mit den Zeichen blaues Kreuz beziehungsweise Württembergischer Weinwanderweg nach rechts abbiegen. Nun geht es mit Aussicht bis zu einem in die Mauer gebauten Häuschen; hier sind in die Mauer Sinnsprüche eingelassen. Sie lauten zum Beispiel: »Wer fragt, ist ein Narr für fünf Minuten, wer nicht fragt, bleibt ein Narr für immer«, oder: »Ein Ziel von Bildung ist, zu merken, wenn jemand Unsinn redet.«

Wir folgen dem Weg weiter bis in den *Sattel* der beiden Berge. Nun halten wir uns links zu dem *Backsteinhäuschen* und gehen hinauf zum Waldrand des *Schemelsbergs,* auf dem bereits seit dem 14. Jahrhundert Wein angebaut wird. Hier biegen wir mit dem Zeichen nach links ab. Oben am »Gipfel« befinden sich eine Feuerstelle,

In den Mauern der Ruine Weinsberg sind Namen berühmter Burgbesucher eingemeißelt.

eine Schutzhütte und ein Spielplatz. Man erreicht diese Einrichtungen, wenn man kurz in den Wald hineingeht und dann nach links abbiegt. Da man aber am Schluss noch einmal hier vorbeikommt, kann man sich diese Besteigung auch für später aufheben.

Am Waldrand folgen wir dem nach links eben durch die Weinberge führenden Weg, der als Weinbau- und Waldlehrpfad gestaltet ist. Bald kommen wir an zahlreichen Schildern mit der Erklärung der Weinsorten vorbei. An einer Verzweigung halten wir uns an den linken Weg, der uns auf die Westseite des Schemelsbergs bringt. Wo der Weg nach rechts in den Wald führt, kommen wir später wieder vorbei. Vorerst biegen wir aber nach links ab, halten uns gleich wieder links und spazieren zu einem großen *Kreuz*. Danach geht es bergab, der Weg zieht abwärts und nach rechts, wo wir wieder auf den Blaukreuzweg treffen. Mit Blick auf Erlenbach mit seinen beiden Kirchen folgen wir dem Weg nach rechts, treffen am Waldrand wieder auf den von vorhin bekannten Weg und gehen nach links in den Wald. Kurz vor seinem Ende können wir nach rechts hinauf auf den Schemelsberg zum Grillplatz steigen.

Ansonsten folgen wir dem Weg durch die Weinberge bis zu dem bekannten *Backsteinhäuschen.* Hier gehen wir geradeaus weiter und ignorieren den bald nach rechts zur Ruine hochziehenden Weg. Etwas

Blick über das fruchtbare Unterland zur Ruine Weinsberg

später knickt unser Weg nach rechts ab und bringt uns in wenigen Minuten zurück zum *Parkplatz*.

Nun sollten wir der Stadt Weinsberg einen Besuch abstatten. Die Kirche oberhalb des Parkplatzes besitzt eine außergewöhnliche Einrichtung. Wenn wir auf ihrer Südseite die Stufen hinunter zum Marktplatz gehen, kommen wir an einigen sehenswerten Gebäuden vorbei. Im Rathaus befindet sich das Weibertreu-Museum. Das Kerner-Haus mit Museum liegt vor dem Parkplatz gegenüber der modernen Kirche.

- **Länge:**
  Etwa 4 ½ Kilometer.

- **Zeit:**
  Etwa 2 Stunden (ohne Stadtbesichtigung).

- **Höhenunterschied:**
  Etwa 160 Meter.

- **Empfohlene Karte:**
  Freizeitkarte 517 Heilbronn, Landesvermessungsamt Baden-Württemberg.

- **Einkehrmöglichkeiten:**
  Weinsberg.

- **Grillmöglichkeit:**
  Auf dem Schemelsberg.

- **Sonstiges:**
  Die Wanderung verläuft auf festen Wegen.

- **Kurzzugang:**
  Vom Parkplatz aus ist man in wenigen Minuten zur Ruine hinaufgestiegen.

Ruinen Beilstein und Helfenberg – Schloss Wildeck

Ruine Beilstein – Beilstein – Auenstein – Ruine Helfenberg – Schloss Wildeck – Annasee – Jettenbach – Ruine Beilstein

Diese Wanderung führt uns an drei sehenswerten Anlagen am Rande des Naturparks Schwäbisch-Fränkischer Wald vorbei. Zwei davon können wir besichtigen – wobei die Burg Beilstein mit der Burgfalknerei besonders interessant ist –, die dritte nur von außen bewundern. Die Tour führt uns durch Weinberge mit interessanten Ausblicken und durch schöne Waldstücke. Historisch bemerkenswert ist auch der Württembergische Landgraben, den wir einige Male queren; Schilder weisen auf die einstige Verteidigungslinie hin.

- **Ausgangspunkt:**
  Ruine Hohenbeilstein.

- **Wegverlauf:**
  Ob er die *Burg* vor oder nach der Wanderung besichtigt, muss jeder selbst entscheiden. Man sollte sich dabei auch nach den Terminen für die Flugvorführungen der Falknerei richten.

Vor der heutigen Anlage der **Ruine Hohenbeilstein** (326 m) bestand vielleicht bereits eine Vorgängerburg. Eine 1147 erstmals erwähnte Burg des auch Langhans genannten Bauwerks wurde um 1080 bis 1100 von den Grafen von Calw erbaut. Sie verschwand dann vielleicht bald wieder und wurde von der viel größeren heutigen Anlage ersetzt. Man findet hier teilweise dieselben Steinmetzzeichen wie in der Ruine Magenheim, sodass Hohenbeilstein wohl in der Zeit zwischen 1200 und 1215 erbaut worden sein dürfte. Um 1150 tauchte in einer undatierten Notiz im Hirsauer Codex ein Dietericus de Bilstein auf. Dies war die erste Nennung des Namens, der wohl auf die Felsformationen des Burgbergs zurückgeht.

Die Burg kam dann über die Grafen von Löwenstein an die Markgrafen von Baden, später an Württemberg beziehungsweise an andere Herren. 1525 im Bauernkrieg wurde sie zerstört. Zur Strafe mussten die Beilsteiner fortan doppelt Steuer bezahlen. Bereits 1566 soll bei der Burg nur noch über dem Keller ein bescheidenes Gebäude gestanden sein. Herzog Ludwig bestimmte 1569: »Weil ein solches Haus von niemand bewohnt, so soll solches zu einer Kornschütte und Bindhaus zugerichtet werden.« Im 19. Jahrhundert wurde die Anlage von verschiedenen Beilsteiner Bürgern gemeinsam gekauft und 1898 renoviert.

Erhalten ist noch der mächtige, fünfeckige Bergfried aus dem 13. Jahrhundert. Er besteht aus teilweise bossierten großen Quadern und hatte einst fünf Geschosse. Von den früher fast dreißig Metern Höhe sind noch über zwanzig Meter erhalten. Der Eingang befand sich einst in sieben Metern Höhe. Im Untergeschoss befindet sich das Burgverlies. Die Kernburg, von der noch die Ruine erhalten ist, stammt vom Ende des 12. Jahrhunderts; die mit der

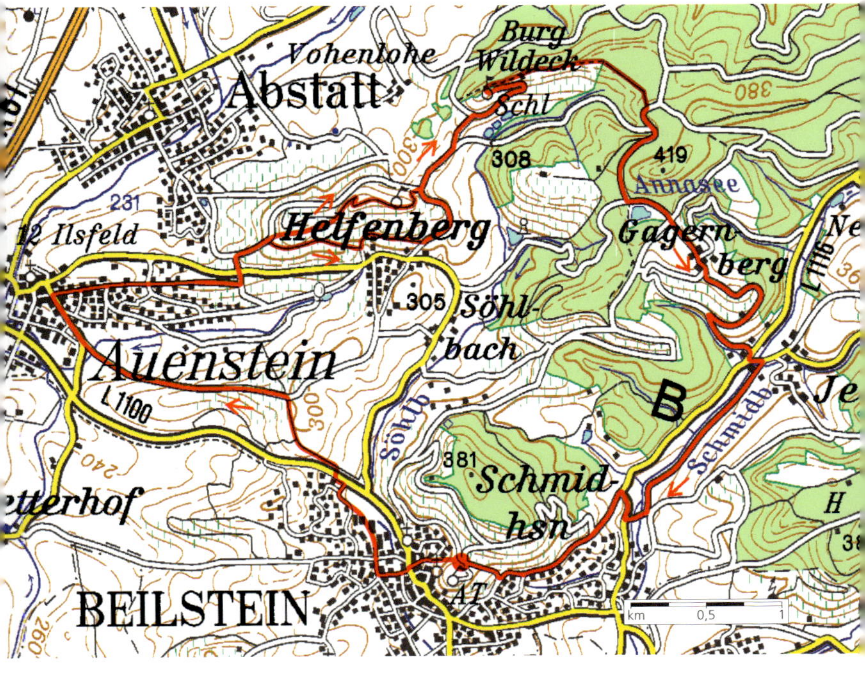

Der Bergfried der Ruine Beilstein stammt aus dem 13. Jahrhundert. In seinem Untergeschoss befand sich das Verlies.

Stadtmauer verbundenen Schenkelmauern und der Zwinger sind beträchtlich jünger und stammen aus dem 14. bis 16. Jahrhundert. Die noch rund zehn Meter hohe, bis zu fünf Meter dicke und fast völlig erhaltene Ringmauer ist mit Zinnen versehen. Zur Talseite hin besitzt sie einen halbrunden Aborterker. Die Vorwerke und die Rondelle, die das Tor flankieren, wurden im 16. Jahrhundert errichtet.

Heute befindet sich in der Anlage eine Falknerei. Hier sind Greifvögel aus vier Kontinenten zu bestaunen und bei Flugvorführungen zu sehen.

Anschließend gehen wir auf dem rechts der Anlage steil hinabfüh-

renden Weg (Wanderzeichen rotes Kreuz und Württembergischer Weinwanderweg) hinunter nach *Beilstein*. Wir überqueren die Hauptstraße, gehen in der Bahnhofstraße zur Dammstraße und halten uns hier rechts. Bald kommen wir am *Gymnasium* vorbei, dann an der *Stadthalle,* hinter der es nach rechts weiter zur Landstraße geht.

Etwas nach links versetzt wandern wir mit dem roten Kreuz auf der anderen Seite weiter. Wir folgen dem kurz darauf nach rechts ziehenden Feldweg, der uns zu einem querenden Asphaltweg bringt. Hier steht auch ein kleines Häuschen. Wir biegen nach links ab und wandern zum Tennisplatz von *Auenstein*. Nach dem Tennisplatz spazieren wir nach rechts in den Ort und biegen in der Schulstraße rechts ab. Sie bringt uns aus dem Dorf. An der ersten nach links führenden Straße biegen wir ab, überqueren die Landstraße und halten uns dahinter in den ersten Weg nach rechts. Bald sehen wir vor einem Häuschen ein Schild zum Württembergischen Landgraben.

Die auch »Schwäbischer Limes« genannte Befestigung des **Württembergischen Landgrabens** markierte über eine Strecke von 31 Kilometern die Grenze zwischen Baden und Württemberg, teilweise auch zur Kurpfalz und zur Reichsstadt Heilbronn. Er war ein einfacher, oft aber hoher und bis zu fünf Meter breiter Erdwall, noch zusätzlich verstärkt mit ineinander verwachsenem Buschwerk. Gesichert war er mit Beobachtungstürmen (Warten). Zwar war der Landgraben wehrtechnisch wohl nicht besonders effektiv, doch besaß er eine gewisse Bedeutung für Württemberg, weil Fuhrwerke die Türme passieren mussten und dadurch Zoll verlangt werden konnte.

Wir biegen nach rechts ab und müssen uns nun entscheiden. Der direkte Weg zur Ruine Helfenberg führt hier nach links steil hinauf. Hinter der Ruine gehen wir wieder hinab. Bequemer ist es vielleicht, wenn wir dem asphaltierten Weinbergweg nach rechts folgen. Er führt uns zu den ersten Häusern des Ortes *Helfenberg*. Hier gehen wir an der Verzweigung erst links, dann rechts und kommen zu einem querenden Sträßchen bei einem *Wanderparkplatz*. Wir halten uns links, es zieht bald nach rechts und bringt uns zum Gelände unterhalb der *Ruine*. Hier kann man mit dem blauen Kreuz nach links zu ihr hochgehen. Auch diejenigen Wanderer, die den direkten Weg gegangen sind, kommen hier wieder herunter.

Die **Burg Helfenberg** wurde um 1250 in staufischen Zeiten errichtet und 1579 umgebaut. Sie wurde im Dreißigjährigen Krieg zerstört, später aber wieder aufgebaut. Der abgegangene Teil der einst etwa vierzig Meter langen und 25 Meter breiten Burg lag östlich des heutigen Baus. Sie besaß bis zu drei Meter dicke Mauern. Die Kapelle wurde 1817 abgebrochen. Herren von Helfenberg, badische Ministerialen, waren

In Schloss Wildeck sitzt heute die staatliche Weinbauschule.

1259 bis 1354 bekannt; deren Nachfolger waren beispielsweise die Herren von Sturmfeder. Das Haus Württemberg erwarb 1456 die Burg und belehnte eine große Zahl von Adeligen damit. 1746 kaufte die Familie von Gaisberg das Rittergut Helfenberg.

Heute sehen wir noch einen quaderförmigen, etwa 15 auf zehn Meter großen Wohnturm und Reste der einst mächtigen, über drei Meter starken Schildmauer. Der Wohnturm ist heute noch drei Stockwerke hoch. Das Gebäude besitzt rundbogige Fenster und eine Rundbogen-Eingangstür mit dem Wappen derer von Wittstatt. Innen sieht man noch Kragsteine.

Nun folgen wir dem blauen Kreuz zum bereits sichtbaren *Schloss Wildeck*. Unterhalb der Anlage gehen wir nach rechts durch das Tor und steigen hoch zum Schloss.

Ein wohl 1230 bis 1330 erbauter Vorgängerbau des **Schlosses Wildeck** (372 m) wurde vermutlich im Bauernkrieg 1525 zerstört, die Anlage anschließend wieder aufgebaut. Der mächtige quadratische Wohnturm mit einer Seitenlänge von etwa 14 Metern und einer Mauerstärke von nur rund 1,60 Metern wurde von Mitte des 14. bis Ende des 15. Jahrhunderts von der Wildecker Nebenlinie der Ortsadeligen, den Herren von Heinriet, bewohnt; die Brüder Friedrich und Rudolf von Heinriet verschrieben 1336 dem Grafen Ulrich von Württemberg das Öffnungsrecht. Auf die Heinrieter weist auch ein Wappenschild hin. Im 15. Jahrhundert war die Burg Lehen der Markgrafen von Baden, dann wurde sie 1490 vom Hofmeister der Badener, Wilhelm von Neipperg, übernommen. Er verkaufte seine Lehnsrechte 1492 an Ludwig von Baiern, der 1494 Graf von Löwenstein wurde. Nach dem Pfälzischen Erbfolgekrieg fiel Wildeck 1504 wie der Rest der Besitzungen der Löwensteiner Grafen an die Württemberger. 1510 erhielten sie die Löwensteiner als Lehen zurück. Die Burg gehörte zuletzt den Fürsten von Löwenstein-Wertheim-Rosenberg als Privatbesitz und war schließlich Sitz eines Försters. 1933 wurde sie an den württembergischen Staat verkauft. Vorher war der Zwickauer Salman Schocken, Gründer der nachmaligen Kaufhauskette Horten, Kaufinteressent, der wohl auch teilweise bereits über den Besitz verfügte. Bedingt durch die Judenpolitik des Dritten Reiches kam es jedoch nie zu einem richtigen Kauf. 1939 wurde Wildeck der Weinbauschule Weinsberg zugewiesen. Im April 1945, am Ende des Zweiten Weltkriegs, wurde der Turm noch durch Artilleriebeschuss beschädigt, da sich die deutsche Wehrmacht in sinnlosem Widerstandswillen gegen die vorrückenden Amerikaner wehrte. Ein amerikanischer Soldat schrieb später: »Die Gegend war viel zu schön, um hier zu sterben …«

Vor dem Schloss gehen wir am Waldrand durch das Tor des Zauns und nach rechts weiter. Wo rechts die Weinberge aufhören, treffen wir wieder auf den breiten Weg und folgen ihm zu einem querenden Forstweg, wo wir uns mit dem blauen Punkt rechts in Richtung »Annasee« halten. An der nächsten Verzweigung orientieren wir uns links und wandern mit dem Zeichen zum *Annasee*.

Vor dem See biegen wir nach links ab und verlassen bald den Wald. Hier queren wir erneut den *Landgraben*. Mit bester Sicht auf die Höhen des Naturparks Schwäbisch-Fränkischer Wald spazieren wir nun nach *Gagernberg* und mit dem roten Punkt durch den Weiler.

Jetzt wandern wir über einen Höhenrücken, der weite Ausblicke bietet. Bald geht es hinunter und zum Waldrand, wo wir nach links weitergehen bis zur Landstraße. Wir spazieren zu der Jettenbacher Kelter hinter der Straße, wo wir nach rechts abbiegen.

Die mit einem Krüppelwalmdach versehene **Jettenbacher Dorfkelter** wurde um 1730 aus Sandstein und Eichenfachwerk erbaut und bis 1939 genutzt. Das unter Denkmalschutz stehende Gebäude ist in den 1980er-Jahren renoviert worden.

Wir wandern nun am Bach entlang bis zu einer Brücke und biegen hier nach rechts zu der Holzscheune und den ersten Häusern von Schmidhausen ab. Der Landstraße folgen wir kurz nach rechts, biegen dann nach links ab und spazieren oberhalb des Wohngebiets zurück zur *Burg*.

- **Länge:**
  Etwa 18½ Kilometer.

- **Zeit:**
  Etwa 5 Stunden.

- **Höhenunterschied:**
  Etwa 300 Meter.

- **Empfohlene Karte:**
  Freizeitkarte 518 Schwäbisch Hall, Landesvermessungsamt Baden-Württemberg.

- **Einkehrmöglichkeiten:**
  Ruine Hohenbeilstein, Beilstein.

- **Grillmöglichkeit:**
  Annasee.

- **Sonstiges:**
  Die Wanderung verläuft vorwiegend auf festen Wegen. Wie in Weinbergen üblich, sind die Wanderzeichen äußerst spärlich angebracht, sodass man in der ersten Hälfte gut auf die Karte achten sollte.

- **Kurzzugang:**
  Vor der Ruine Helfenberg und der Ruine Hohenbeilstein befinden sich Parkplätze. Vom Helfenberg-Parkplatz aus geht man in wenigen Minuten an den Fuß des Berges, auf dem das Schloss Wildeck liegt.

Burg Lichtenberg

Burg Lichtenberg – Harzberg – Lembach – Burg Lichtenberg

Weinberge, Wald, Streuobstwiesen, Aussicht und eine Burg – so könnte man die Highlights dieser Wanderung kurz charakterisieren. Wandert man im Herbst, so erfreuen die in kräftigen Farben leuchtenden Weinberge, im Frühjahr hat man schöne Blicke auf die wie mit weißem Schnee überzogen wirkenden, blühenden Streuobstwiesen. Von der Burg Lichtenberg und immer wieder unterwegs hat man herrliche Ausblicke auf das württembergische Unterland.

- **Ausgangspunkt:** Burg Lichtenberg.
- **Wegverlauf:** Wir parken auf einem der beiden Parkplätze, die an dem von der Landstraße Oberstenfeld – Kleinaspach zur Burg abgehenden Sträßchen liegen. Da wir am Schluss der Wanderung direkt an der Burg herauskommen, gehen wir jetzt zu Anfang noch nicht zu der Anlage hin. Wir spazieren auf dem Weg, der parallel zur Landstraße mit den Zeichen roter Strich und Württembergischer Weinwanderweg verläuft. Vor dem *Hundedressurplatz* zieht der Wanderweg nach rechts zum Wald, über das Gelände des Dressurplatzes und danach in den Wald. Etwas später stoßen wir auf den von Neuwirtshaus kommenden Weg.

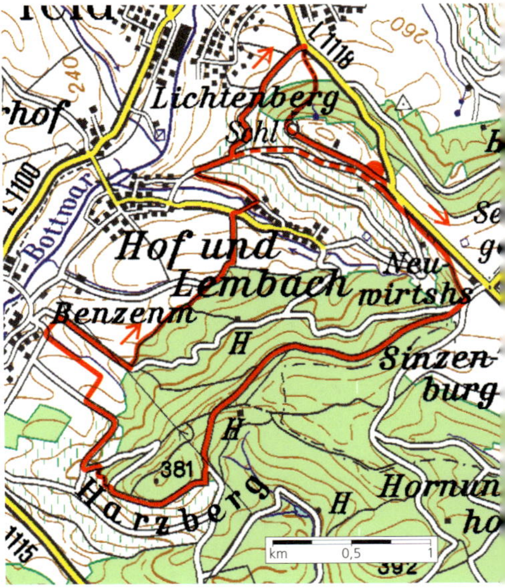

Burg Lichtenberg geht auf das 12. Jahrhundert zurück. Sie ist von Weinbergen umgeben.

Jetzt biegen wir nach rechts ab, auf den rechten der beiden Wege. Gleich darauf am Waldanfang zweigt unser Wanderweg nach links ab. Nun spazieren wir eine Weile durch den Wald, nach einiger Zeit an einem stillen *Waldweiher* vorbei. Schließlich verlaufen über unserem Weg Überlandleitungen, danach stoßen wir auf einen querenden Weg, dem wir nach rechts folgen. Nach etwas Bergauf verlassen wir den Wald und halten uns gleich rechts. Nun geht es mit prächtiger Aussicht oberhalb der Weinberge weiter. Nach einem Rechtsknick des Weges kommen wir in den Wald und zweigen hier mit dem Zeichen des Weinwanderwegs nach links ab. Es geht im Zickzack, am Schluss auf Stufen, hinab zu einem Asphaltweg und zum rechts stehenden *Harzberghäuschen*. Dieses kleine Fachwerkhäuschen mit seinem Spitzdach wurde 1979 wieder aufgebaut; sein Vorgängergebäude diente einst als Schutzhütte für den Weinbergschützen.

Wir passieren das Häuschen und biegen links ab, dann rechts. Kurz darauf knickt unser Weg nach links ab, und etwa 300 Meter später werden wir nach rechts verwiesen. Der Weg führt vor der Böschung nach links weiter. Vor den ersten Häusern halten wir uns rechts und behalten auch gleich darauf unsere Richtung bei. Nach wenigen Minuten auf einem Naturweg stoßen wir auf einen asphaltierten Weg, dem wir nach rechts zum Waldrand folgen.

Hier biegen wir mit dem Zeichen Weinwanderweg nach links ab und spazieren über Streuobstwiesen und mit prächtigem Blick zur Burg nach *Lembach*.

Die zwei Brüder auf der Burg Lichtenberg

Um die Burg Lichtenberg gab es zwischen den zwei Brüdern Hatto und Heinrich einen heftigen Streit, der von einer Nonne angestiftet worden war. Sie führten Krieg gegeneinander und es kam vor der Burg zur Schlacht. Da ließ der eine Bruder dem anderen ausrichten: »Wenn ich dich in meine Gewalt bekomme, so werde ich dich verhungern lassen.« Und der andere ließ ihm die Antwort überbringen: »Und ich werde dich verdursten lassen.«

Nun blieb in dem Kampf der letztere der beiden Brüder siegreich. Er nahm seinen Bruder gefangen und warf ihn ins Burgverlies. Und wie er es versprochen hatte, so tat er auch: Er ließ dem Bruder nur trockenes Brot bringen, aber nichts zu trinken. Der gefangene Bruder aber konnte seinen Durst mit dem Wasser stillen, das die Mauer ausschwitzte. Er hoffte überleben zu können, bis der Bruder Gnade walten ließe. Der jedoch wunderte sich, warum der Gefangene so lange überleben konnte.

Deshalb schickte er mit dem Vorwand des Abendmahls den Burggeistlichen hinab zu dem Gefangenen. Der Geistliche entlockte ihm das Geheimnis, indem er drohte, ihm nicht die Absolution zu gewähren. Seinem Herrn erzählte er dann, warum der Bruder solange am Leben blieb. Wutentbrannt ließ dieser daraufhin das Gefängnis mit Brettern ausschlagen.

So musste der Eingekerkerte nun wirklich verdursten und die Rachsucht des Bruders war gestillt. Als der Ritter jedoch die ausgedörrte Gestalt seines Bruders nach dem schrecklichen Dursttod sah, schlug ihm doch das Gewissen und Reue überkam ihn. Er ließ den Burgpfarrer kommen, der so schwer gegen seine Pflichten gesündigt hatte, ging mit ihm auf die Zinne des Turmes und warf ihn hinunter. Er selbst sprang hinterher.

Diese Sage wird auch von der Burg Lichtenberg im Elsass erzählt. Da sich allerdings in keinem der beiden Fälle die Existenz von zwei verfeindeten Brüdern nachweisen lässt, kann man nicht feststellen, welche die »richtige« Burg ist.

An der Zufahrtsstraße zu dem Dorf halten wir uns rechts und biegen am Ortsanfang nach links ab. An der *Kelter* orientieren wir uns noch einmal links. Nun verlassen wir den Ort und wandern weiter über Baumwiesen. Nach dem Friedhof gehen wir auf dem Sträßchen nach rechts hinauf. Der kürzeste Rückweg wäre, geradeaus hinauf zum Ausgangspunkt zu gehen und von hier aus nach links zur Burg. Wir biegen aber in den zweiten nach links abgehenden Weg ein und spazieren erst durch Weinberge, dann über Baumwiesen bis kurz vor die Landstraße. Mit den Zeichen blaues Kreuz und Weinwanderweg werden wir hier nach rechts verwiesen. Nun geht es durch eine als Naturdenkmal ausgewiesene historische Birnbaumallee. Danach steigen wir im Wald hinauf bis zur *Burg,* gehen an ihr links vorbei und kommen durch den Burggraben zu der Brücke, die zum Eingang führt. Nach links geht es zurück zum Ausgangspunkt.

Die **Burg Lichtenberg** (381 m) wurde wohl 1197 mit einem Albrecht von Lichtenberg erstmals erwähnt und war im 14. Jahrhundert Stammsitz der vermutlich hochadeligen Herren von Lichtenberg. Sie schufen sich im 13. Jahrhundert ein kleines Territorium um die Burg mit der von ihnen gegründeten Stadt Großbottwar als Mittelpunkt. Später war die Burg als württembergisches und böhmisches Lehen im Besitz der Freiherren von Weiler.

Einige der Lichtenberger gelangten in hohe Stellungen: Sigibotho diente König Albrecht als Geheimschreiber und wurde später Bischof von Speyer (1302–1314). Hermann war ab 1314 Kanzler des Königs Ludwig des Baiern und 1333 bis 1335 Fürstbischof in Würzburg und Herzog von Franken. Sein Bruder Albrecht war kaiserlicher Heerführer und zeitweilig Landvogt im Elsass. Bereits 1357 musste die Familie die Burg und die Herrschaft an Graf Eberhard den Greiner von Württemberg verkaufen, 1407 starb sie aus.

Die Württemberger trugen 1361 Burg und Dorf Kaiser Karl IV. zu Lehen auf und erhielten dafür die Befreiung von fremden Gerichten. Mit diesem Eigentumsübergang wurde auch dem Ausdehnungswillen der Markgrafen von Baden und der Pfalz, die im 14./15. Jahrhundert vom Zabergäu aus nach Süden Einfluss gewinnen wollten, ein Riegel vorgeschoben. Die daraus entstandene Lehnsabhängigkeit von Österreich dauerte bis 1805, auch wenn sie damals längst nicht mehr genutzt wurde.

Im Bauernkrieg entging die Burg der Zerstörung, weil der Bauern-

Burg Lichtenberg ist durch einen Halsgraben, eine Schildmauer und den Bergfried geschützt.

führer Matern Feuerbacher der Witwe des beim Kampf in Weinsberg zusammen mit seinem ältesten Sohn ums Leben gekommenen Dietrich von Weiler einen Schutzbrief für die Burg und die Familie ausgestellt hatte. Ende des Dreißigjährigen Krieges und im Spanischen Erbfolgekrieg wurde die Burg von schwedischen beziehungsweise bayerischen Truppen belagert, erlitt jedoch keine größeren Schäden. Letzte Zerstörungen gab es 1945, als amerikanische Panzer 22 Granaten in die Mauer schossen, da auf der Burg Artilleriebeobachter saßen.

Man vermutet, dass die Burg in vier Etappen erbaut wurde. Im 12. Jahrhundert baute man sie als Höhenburg mit einem typisch staufischen Bergfried aus, dann wurde sie mit dem Bau des Palas und der Kapelle weiter vergrößert.

Lichtenberg wird auf der Bergseite von einem großen Halsgraben, der mächtigen, bis zu zweieinhalb Meter dicken Schildmauer, dem Bergfried und von einem jüngeren Turm im Graben geschützt. Man betritt die Anlage durch einen Torturm. Der zwingergeschützte Burghof mit dem Torbau und die Reste des Vorwerks stammen aus der Gotik (Vorwerke: vermutlich 15. Jh.). Das neue Burghaus wurde im 16. Jahrhundert erbaut. Der wohl aus dem späten 12. Jahrhundert stammende Bergfried besitzt einen Sockel und kleine Rundbogenfenster; die großen Zinnen sind von 1906. Der Bergfried ist fast quadratisch mit Seitenlängen von etwa zehn Metern und rund dreißig Meter hoch. Der auf die Spätromanik zurückgehende Palas enthält eine Dürnitzhalle und die Burgkapelle Sankt Laurentius (1220–1230). In der Kapelle wurden 1959 Wandmalereien aus der Zeit zwischen Romanik und Spätgotik freigelegt. Der Bildstock hinter dem frei stehenden Altar wird dem Bildhauer Sem Schlör zugeschrieben.

Die Burg ist in Privatbesitz und bewohnt, kann aber zeitweise besichtigt werden. Auskunft erteilt das Freiherr von Weilersche Weingut, Telefon (0 70 62) 40 17.

- **Länge:**
  Etwa 9 Kilometer.

- **Zeit:**
  Etwa 3 Stunden.

- **Höhenunterschied:**
  Etwa 270 Meter.

- **Empfohlene Karte:**
  Freizeitkarte 518 Schwäbisch Hall, Landesvermessungsamt Baden-Württemberg.

- **Einkehrmöglichkeit:**
  Neuwirtshaus.

- **Sonstiges:**
  Die Wanderung verläuft auf Natur- und festen Wegen.

- **Kurzzugang:**
  Vom Parkplatz aus ist die Burg in wenigen Minuten zu erreichen.

Ruine Blankenhorn

Ochsenbach – Ruine Blankenhorn – Wolfstein – Ochsenbach

Wir wandern durch den schönen Wald, der die Hochflächen des Strombergs bedeckt, zur Ruine Blankenhorn. Danach suchen wir den Wolfstein auf, der an den letzten in Württemberg erlegten Wolf erinnert. Zurück geht es durch die Weinberge in das Weinbaudörfchen Ochsenbach, das zu einem Bummel zwischen alten Fachwerkhäusern einlädt. Wer will, kann die relativ kurze Tour um den interessanten Weinberg-Lehrpfad erweitern.

- **Ausgangspunkt:**
  Sachsenheim-Ochsenbach.

- **Wegverlauf:**
  Wir parken im Zentrum in der Nähe der *Kirche* und gehen von hier aus mit dem Zeichen rotes Kreuz nach Norden. Wo die Landstraße nach links abknickt, behalten wir unsere Richtung bei und steigen auf einem Asphaltsträßchen hinauf. Nach den Baumwiesen geht es kurz durch den Wald, dann zwischen Feldern, Wiesen und Waldrand weiter. Wo oben der breite Feldweg nach links zieht, wandern wir geradeaus weiter, nun auf einem Pfad in den Wald, der uns zu einem asphaltierten Forstweg bringt.

  Gleich danach halten wir uns an einer Verzweigung links in den Pfad in Richtung »Blankenhorn«. Wir verlassen kurz den Wald; danach, wieder in ihm, zweigt unser markierter Weg nach rechts ab. Nach einem querenden breiten Forstweg geht es als Pfad auf der anderen Seite weiter. Nach ein paar Minuten überqueren wir ein asphaltiertes Sträßchen und gehen auf dem mit einer Schranke abgesicherten Weg weiter. Kurz darauf mündet der mit dem roten Strich markierte Wanderweg in unseren. Gleich danach erreichen wir einen Querweg vor dem Steilabfall; wir halten uns rechts und zweigen gleich darauf nach links auf den beschrankten Weg ab. Nach rund dreiminütigem Bergab erreichen wir die *Ruine Blankenhorn,* kurz vorher stehen links drei mächtige Mammutbäume.

Der Name der **Ruine Blankenhorn** (379 m) geht auf die drei silberblanken Jagdhörner im Wappen der Herren von Neuffen zurück. Die 1241 erstmals als Blanchenhorn urkundlich erwähnte Burg wurde um 1220 bis 1230 als Schildmauerburg von Heinrich II. von Neuffen erbaut. Sein Sohn war der Minnesänger Gottfried von Neuffen. Ehemals dreistöckig, war die Burg damals wohl eine der stärksten Festungen des Landes. Sie kam 1321 an Württemberg und wurde Sitz eines Forstmeisters. 1472 gelangte die Burg als Lehen an Hermann von Sachsenheim. Da die Württemberger wohl keine Verwendung für sie hatten, wurden 1479/80 Dach und Gebälk abgebrochen, und die Burg wurde dem Verfall überlassen.

Die mächtige Schildmauer ist 18 Meter hoch und drei Meter dick. Sie besteht aus großen Sandstein-Buckelquadern mit vielen unterschiedlichen Steinmetzzeichen. Außerdem sieht man noch verschiedene Mauerreste, zum Beispiel eines einst fünfgeschossigen Wohngebäudes (Palas) beziehungsweise einer Kapelle. An der Bergseite befindet sich eine gegen den Burggraben abgeschrägte Futtermauer. Sie soll die einzige ihrer Art nördlich der Alpen und mit denen der apulischen Burgen aus der Zeit Kaiser Friedrichs II. vergleichbar sein. Im Hof steht eine ziemlich grob aus Sandstein gehauene Löwenplastik, die vermutlich für das Grabmal eines der römischen Gutsherren im Stromberggebiet bestimmt war.

Alljährlich im Mai findet das Blankenhornfest statt.

Nun wandern wir etwas zurück und biegen nach der Schranke nach links in den Kutschenweg ein. Knapp eine Viertelstunde später zweigen wir

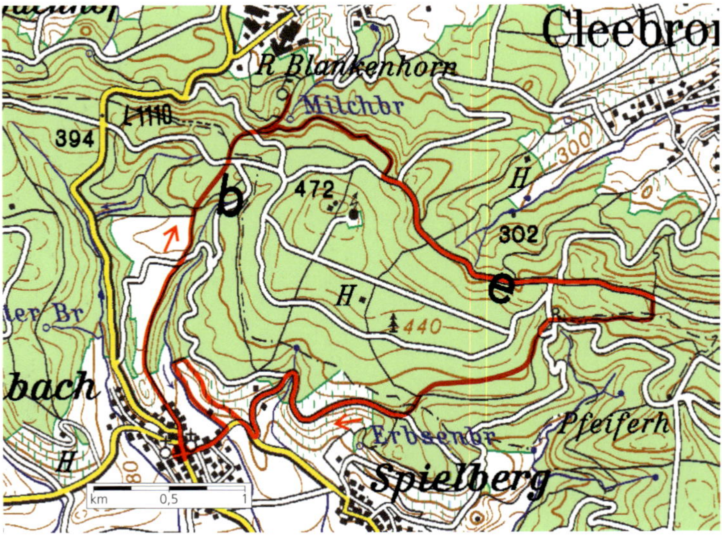

Die Ruine Blankenhorn liegt versteckt im Wald. An ihren Mauern findet man zahlreiche Steinmetzzeichen.

mit dem roten Strich nach links in den querenden Forstweg ab. Wir befinden uns nun auf dem östlichen Rennweg. Nach einer Viertelstunde sehen wir rechts den *»Eichen-Mischwald-Versuch«*. Nach zwanzig Minuten zweigt der Rotstrichweg nach rechts ab. Wir wandern aber noch geradeaus weiter, bis nach rund zehn Minuten ein ebenfalls mit rotem Strich markierter Weg kreuzt. Ihm folgen wir nach rechts, nun geht es auf einem Pfad weiter. Er zieht bald nach rechts und bringt uns zu einem breiten Forstweg, wo wir rechts den *Wolfstein* sehen.

Wir gehen nach rechts weiter, gleich darauf an der Verzweigung bleiben wir rechts. Der Weg nach »Ochsenbach« ist nun mit dem blauen Kreuz markiert. Am kurz danach folgenden Querweg halten wir uns links in den Eselsweg. An der nächsten Verzweigung folgen wir dem Zeichen auf den rechten Weg. Er geht in einen Pfad über; immer leicht bergab wandernd überqueren wir einen Forstweg und treffen wenig später auf einen anderen, dem wir mit dem roten Kreuz nach rechts in Richtung »Ochsenbach« folgen. Gleich danach verlassen wir den Wald und marschieren nun durch die Weinberge. An der nächsten Verzweigung bleiben wir auf dem rechten, eben weiterführenden Weg. Er zieht bald darauf nach rechts in den Wald, wo es bergab geht.

An einer scharfen Linkskurve biegen wir in den nach links abzweigenden Weg ein, der uns bald

Die Löwenplastik im Hof der Ruine Blankenhorn stammt vermutlich vom Grabmal eines römischen Gutsherren.

vorbei an Kleingärten zu der von Spielberg kommenden Straße führt. Kurz danach sehen wir rechts einen interessanten *Geologischen Aufschluss* des Oberen Bunten Mergels. Danach folgt ein überdachter *Pavillon* mit Informationstafeln zur Flurbereinigung am Geigersberg. Wer die an sich ja kurze Wanderung noch etwas ausdehnen will, folgt hier dem beschilderten Lehrweg. Anhand von dreißig Tafeln kann man viel über die Lebensräume der charakteristischen Tier- und Pflanzenwelt sowie den Weinbau erfahren. Ansonsten sind wir in wenigen Minuten zurück am *Ausgangspunkt*.

- **Länge:**
  Etwa 10½ Kilometer, Lehrweg zusätzlich etwa 2 Kilometer.

- **Zeit:**
  Etwa 2½ Stunden, Lehrweg zusätzlich etwa 1 Stunde.

- **Höhenunterschied:**
  Etwa 230 Meter.

- **Empfohlene Karte:**
  Freizeitkarte 517 Heilbronn, Landesvermessungsamt Baden-Württemberg.

- **Einkehrmöglichkeiten:**
  Ochsenbach.

- **Sonstiges:**
  Die Wanderung verläuft auf Feld- und Forstwegen sowie Pfaden.

Der Wolfstein erinnert an den letzten Wolf, der in Württemberg erlegt wurde.

- **Kurzzugang:**
  Wie beschrieben zur Ruine, dann auf demselben Weg zurück. Noch kürzer ist der Anstieg von Eibensbach aus.

Ruine Altsachsenheim

Unterriexingen – Untermberg – Egartenhof/Ruine Altsachsenheim – Untermberg – Unterriexingen

Wir spazieren bei dieser Wanderung sowohl hoch über dem idyllischen Enztal als auch neben dem Fluss. Dabei genießen wir immer wieder die Aussicht. Naturfreunde erfreuen sich des öfteren an der ursprünglichen Natur, deren Höhepunkt der Sommerberg darstellt. Historisch interessierte Wanderer suchen die Burgruine auf und lesen die Beschreibungen, die man an den verschiedenen Häusern, auch in Unterriexingen, findet.

- **Ausgangspunkt:**
  Markgröningen-Unterriexingen.

- **Wegverlauf:**
  Am besten parken wir an der *Turn- und Sporthalle*. Dann gehen wir von dem großen Parkplatz aus zur Landstraße, die nach Norden über die Enz führt. Auf der anderen Seite des Flusses sehen wir ein 1830 erbautes Unterstehhäuschen für den Wengertschütz. Links von ihm gehen wir den schmalen und etwas verwilderten Pfad, die »Himmelsleiter«, teilweise auf Treppchen hoch. Oben halten wir uns an dem querenden Feldweg mit den Zeichen rotes Kreuz und Württembergischer Weinwanderweg rechts. Schon beim Aufstieg und auch jetzt haben wir ab und zu einen schönen Blick hinab nach Unterriexingen. Nach ein paar Minuten beschreibt unser Weg einen Rechts-links-Knick.

Wir kommen nach *Untermberg* und zu einer vorfahrtsberechtigten Straße und gehen auf der anderen Seite etwas nach links versetzt auf Stufen hinunter. Nun spazieren wir durch das Wohngebiet und biegen kurz darauf mit dem Straßenschild »Im Krautgarten 6–16« nach links ab zur Landstraße. Auf ihrer anderen Seite folgen wir der Jakob-Bitzer-Straße nach rechts, biegen aber gleich darauf nach Haus Nr. 5 nach links ab. Gleich danach gehen wir nach rechts an den Häusern entlang.

Von der Burg Alt-Sachsenheim aus konnte man den Floßverkehr auf der Enz überwachen.

Nach ein paar Minuten werden wir nach links verwiesen und spazieren über die Wiesen und an Gärten vorbei bis zu einem Sträßchen vor Elektroleitungen, das uns nach rechts nach *Egartenhof* bringt.

Wir folgen dem Sträßchen noch kurz, dann geht es nach rechts zur *Ruine Altsachsenheim*. Vor der Anlage steht ein kleines steinernes Törchen.

Die vielleicht im 13. Jahrhundert, sicher aber 1375 erstmals erwähnte **Ruine Altsachsenheim** (245 m) wurde im 13. Jahrhundert wohl als Stammsitz der 1561 ausgestorbenen Herren von Sachsenheim erbaut. Durch ihre beherrschende Lage über dem Enztal konnten die Burgherren den Floßverkehr sowie die Fuhrleute kontrollieren. Der Historiker Decker-Hauff vermutete, dass die Sachsenheimer zwischen dem expandierenden Württemberg und der Kurpfalz einen »Pufferstaat« errichten wollten. Um 1430 gelangte die Burg an die mit den Sachsenheimern verwandten Herren von Nippenburg. Sie verfiel, nachdem die Burgherren ihren Sitz nach Sachsenheim verlegt hatten, und ist seit dem 17. Jahrhundert Ruine. Bis 1685 wurde sie wie in der Kieser'schen Forstkarte Eyßenburg (= Äußere Burg) genannt im Gegensatz zur Inneren Burg, dem Schloss

Sachsenheim. So steht sie auch heute noch in der amtlichen Karte.

Die Anlage ist mit einer Kantenlänge von rund dreißig Metern fast quadratisch. Sie war ehemals dreistöckig; heute sieht man noch die Kragsteine im Innern. Erhalten sind auch die dicht mit Efeu bewachsenen hohen Reste der Umfassungsmauer (13. Jh.). Sie war früher möglicherweise bis zu drei Meter dick und ist an den Ecken mit großen Buckelquadersteinen aus Muschelkalk verstärkt. Außerdem sieht man auf der Ostseite Reste des Grabens.

Nach der Besichtigung gehen wir ein paar Schritte zurück und biegen nach links in das Sträßchen ein, das uns hinab nach *Untermberg* bringt. Hier überqueren wir die Bissinger Straße und wandern geradeaus bis vor die *Enz,* halten uns links und marschieren bis zu einem Steg, auf dem wir nach rechts über den Fluss gehen. Auf seiner anderen Seite orientieren wir uns in der Flößerstraße an den Häusern mit dem Wanderzeichen blauer Strich rechts. Die Straße zieht kurz danach nach links aufwärts, dann biegen wir nach rechts in die Jahnstraße ein, auf der wir den Ort verlassen.

Nach etwa zehn Minuten teilt sich der Weg. Am kürzesten wäre es, wenn man mit dem Zeichen blauer Strich geradeaus weiter bis zum Ausgangspunkt ginge. Wer will, macht aber noch einen Abstecher, der unwesentlich länger ist und nur etwa sechzig zusätzliche Höhenmeter beansprucht. Wir halten uns hierzu mit dem blauen Kreuz links und steigen durch einen Hohlweg bergauf bis zu einem steinernen *Feldschütz-Unterstand.* Am Unterstand biegen wir nach rechts ab und marschieren erst auf breitem Weg über Obstbaumwiesen, dann auf einem schmalen Pfad durch den Wald und anschließend zwischen Feldern und dem Steilabfall zum *Aussichtspunkt Naturdenkmal Sonnenberg.*

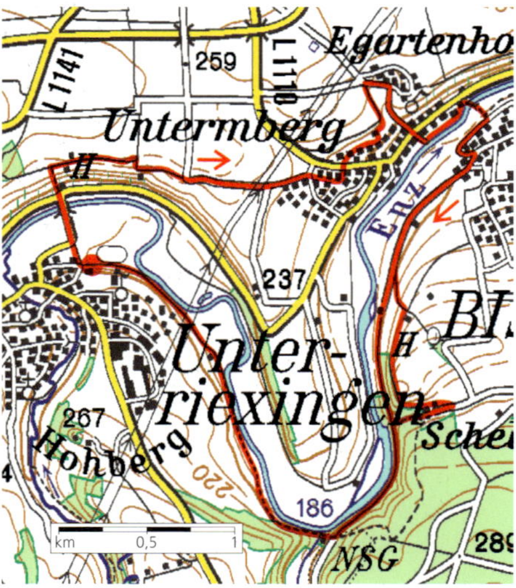

Wir biegen am Aussichtspunkt nach links ab und erreichen in wenigen Minuten den *Schellenhof.* Hier halten wir uns scharf rechts und gehen links des Hauses hinunter ins *Enztal,* wo wir uns links orientieren. Ab jetzt ist der Weg derselbe wie für die Wanderer, die den Abstecher nicht gemacht haben. Bald quert der mit dem roten Kreuz markierte Weg, auf dem wir hinab zum *Enzeckstüble* gehen. Nun spazieren wir entlang der Enz in gut einer halben Stunde zurück zum *Ausgangspunkt* in Markgröningen-Unterriexingen.

- **Länge:**
  Etwa 9 Kilometer.

- **Zeit:**
  Etwa 2 ½ Stunden.

- **Höhenunterschied:**
  Etwa 180 Meter.

- **Empfohlene Karte:**
  Freizeitkarte 517 Heilbronn, Landesvermessungsamt Baden-Württemberg.

- **Einkehrmöglichkeiten:**
  Unterriexingen, Untermberg, Schellenhof, Enzeckstüble (sonn- und feiertags).

- **Sonstiges:**
  Die Wanderung verläuft auf Feld- und Forstwegen sowie Pfaden.

- **Kurzzugang:**
  Man kann Egartenhof anfahren.

Die Burgmauern sind heute über und über mit Efeu bewachsen.

Ruine Nippenburg

Hemmingen – Kaiserstein – Glemstal – Ruine Nippenburg – Hemmingen

Die Ruine Nippenburg zählt zu den großen Burganlagen im Gäu. Von ihr sind noch einige sehenswerte Reste übrig. Außerdem gehört die daneben zu findende Hofanlage zu dem einstigen Adelssitz, der auch mit einer reichen Geschichte aufwarten kann.

- **Ausgangspunkt:**
  Hemmingen.

- **Wegverlauf:**
  Wir starten am *Bahnhof*, gehen auf der nach Süden führenden Durchgangsstraße weiter und halten uns an ihrer Kurve rechts (Eisgasse). Auf dem Weg durch den Ort sollten wir die an den alten Häusern angebrachten Erklärungen beachten. Wir spazieren leicht aufwärts bis zu einer vorfahrtsberechtigten Querstraße, wo wir auf der anderen Seite geradeaus weiter in die Blohnstraße gehen. Wo wir rechts einen Brunnen sehen, biegen wir nach links ab und verlassen den Ort. In dem Gehölz, das sich kurz danach auf der linken Seite befindet, steht der *Kaiserstein*.

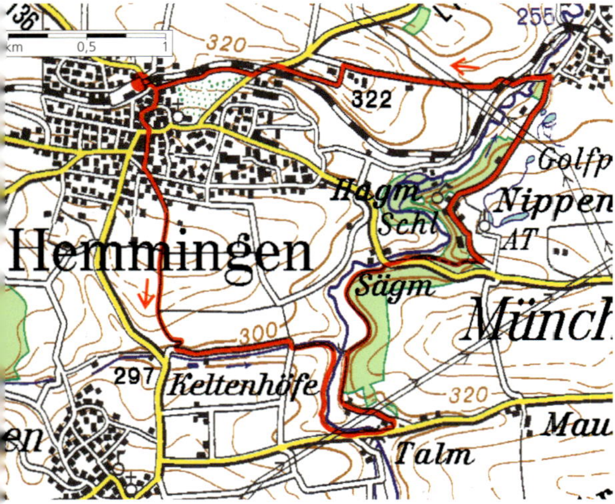

Wir gehen dann geradeaus weiter, nach kurzer Zeit auf einem unbefestigten und abwärtsführenden Weg. Er zieht erst nach links, dann nach rechts und bringt uns bis kurz vor die Landstraße. Hier nehmen wir den nach links abgehenden, asphaltierten Weg. Dieser knickt etwas später nach rechts ab. Wir benutzen dann gleich nach dem Wasserlauf den wieder nach links führenden Weg. Er zieht vor der Glems unbefestigt nach rechts.

Zeitweise auf einem schmalen Pfad direkt am Gehölzrand wandern wir nun bis zur Straße, wo wir nach links abbiegen. Kurz nach der Überquerung der Glems halten wir uns abermals links. Nun spazieren wir eine Zeit lang im *Glemstal,* als Wanderzeichen können wir uns am blauen Kreuz orientieren. Es geht zuerst an der Glemsmühle vorbei und wir kommen etwas später zu einer Straße. Ihr folgen wir kurz nach rechts, bis uns das Zeichen nach links in den Wald verweist. Nun spazieren wir auf schmalem Pfad parallel zur Straße bis zu einem Asphaltsträßchen, biegen nach links ab und kommen weiter aufwärtsgehend zur *Nippenburg*. Innerhalb der Ansiedlung liegt die Ruine links.

Die 1160 erstmals genannte **Nippenburg** (etwa 300 m) wurde im 11. Jahrhundert erbaut und angeblich niemals erobert. Das sich nach der Burg nennende Adelsgeschlecht ist zwischen 1270 und 1280 mit einem Friderico de Nippinburc erstmals bezeugt. Die Angehörigen des Geschlechts waren wohl Dienstmannen der Asperger Grafen und starben Mitte des 17. Jahrhunderts im Mannesstamm aus. Im 15. Jahrhundert erreichten sie ihre Blüte: Ihnen gehörten damals das Schloss Schaubeck, der Wunnenstein, der Lichtenberg, die Burg Sachsenheim, das Schloss Mauer, die Feste Bromberg, die Burg Ingersheim, Teile von Burg und Stadt Bönnigheim und Teile von Burg und Dorf Unterriexingen.

Dunkle Gestalten gab es allerdings auch unter ihnen. So wurde Bastian 1483 hingerichtet, weil er beim Pulverdinger Hof Biberacher Kaufleute überfallen hatte. Hans von Nippenburg tötete seinen Schwager und wurde solange inhaftiert, bis er 1504 Urfehde geschworen hatte. 1515 wurde die Familie mit dem Erbschenkenamt belehnt. Nach der Ächtung des Herzogs Ulrich sagten die Nippenburger zwar dem Schwäbischen Bund ab, mussten aber 1519 nach einer Belagerung zusammen mit sechzig anderen Rittern das Schloss in Tübingen aufgeben. Da sie dem Herzog versprochen hatten, das Schloss bis aufs Äußerste zu verteidigen, verzieh der später zurückgekommene Ulrich ihnen diese Kapitulation nie.

Über das Geschlecht schrieb E. Schübelin 1910 in den Blättern des Schwäbischen Albvereins: »Waren es vorwiegend tapfere Recken, die im Felde sowohl als im Turnier ihren Mann stellten, so begegnen uns unter ihnen doch auch häufig Beamte, und zwar Vögte und Obervögte, ein den Doktorhut tragender Hofrichter und der erste Hofmeister des Collegium illustre in Tübingen sowie Geistliche: verschiedene Domherren, ein Generalvikar zu Speyer, ein Deutschordens-Komtur in Heilbronn, eine Äbtissin im Kloster Rechentshofen.«

1611 kam die Burg an die Herren von Stockheim und noch im selben Jahrhundert durch Heirat an die Grafen Leutrum von Ertingen. Als berühmtestes Familienmitglied gilt der Diplomat und Feldherr Karl Magnus (1680–1738), der in Wien kaiserlicher Generalfeldmarschall war und auch dort starb. Sein Sohn Karl August Emanuel (1722–1795) erwarb sich große Verdienste um das Königreich Sardinien und erhielt 1781 den sardischen Grafentitel.

Die Ruine mit ihren verwinkelten, verfallenen und wildromantischen, von Efeu überwachsenen Mauern

Die Ruine Nippenburg ist eine der größten im Gäu.

besitzt einen für das 12. Jahrhundert typischen ovalen Grundriss. Man betritt die Anlage über eine steinerne Brücke. Rechts vom Tor lag der Zwinger, der ringförmig um die Anlage verlief. Man geht durch den Vorhof und dann nach Norden in den inneren Burghof. Die starke Ringmauer war gegen den Graben schildmauerartig verstärkt und einst 15 Meter lang, zehn Meter hoch und drei Meter dick.

Im Norden der Anlage steht der ehemalige Hauptturm. Man betritt ihn vom Hof her durch eine sich nach innen verbreiternde Tür und kommt in ein Gewölbe, in dessen Mitte der Einstieg in das fünf Meter tiefe Verlies liegt. Ein geheimer Fluchtweg soll durch die Felsen unter den Mauern ins Freie führen. An den Gebäuderesten sieht man die Wappen der Nippenburger aus dem 15. und 16. Jahrhundert.

Das heutige **Schloss** geht auf einen um 1600 errichteten Bau von Heinrich Schickhardt zurück. 1728 und im 19. Jahrhundert wurde es fast vollständig renoviert. Der Park wurde im 18. Jahrhundert im Stil eines englischen Landschaftsgartens angelegt.

Wir folgen nach der Besichtigung weiter dem Sträßchen, nun abwärts in Richtung Schwieberdingen. Vor den ersten Häusern biegen wir am Wasserversorgungshäuschen nach links ab in den Wannengrabenweg. Vorbei an Kleingärten erreichen wir die Bahnlinie, hinter der wir uns links halten. Nach den Überlandleitungen kommen wir am ersten Bauernhof vorbei, am zweiten führt ein asphaltierter Weg nach links. Auf diesem Weg gehen wir bis zu einem Querweg, wo wir uns rechts orientieren. Bald kommen wir zur Landstraße und gehen etwas nach

In die Ruine Nippenburg gelangt man durch ein Rundbogentor.

links versetzt in derselben Richtung weiter. An einem Rehgehege vorbei erreichen wir den Hemminger Bahnhof.

- **Länge:**
  Etwa 12 Kilometer.

- **Zeit:**
  Etwa 3 Stunden.

- **Höhenunterschied:**
  Etwa 100 Meter.

- **Empfohlene Karte:**
  Freizeitkarte 520 Stuttgart, Landesvermessungsamt Baden-Württemberg.

- **Sonstiges:**
  Die Wanderung verläuft vorwiegend auf asphaltierten Straßen und befestigten Wegen.

- **Kurzzugang:**
  Der Hof, in dem die Ruine liegt, kann angefahren werden.

Ruine Hohenasperg

Asperg – Leudelsbachtal – Hohenasperg – Asperg

Der Hohenasperg war eine der württembergischen Landesfestungen. Da er ein Gefängniskrankenhaus ist, kann man die Anlage nur von außen besichtigen, aber auch das ist beeindruckend. Außerdem hat man von dem Berg eine prächtige Aussicht über das Unterland.

- **Ausgangspunkt:**
  Asperg.

- **Wegverlauf:**

Wir beginnen am Bahnhof in *Asperg.* Gute Parkmöglichkeiten findet man auch unterhalb des Hohenaspergs; die Tour kann man auch dort starten. Wir folgen nach dem *Bahnhof* der Bahnhofstraße mit dem roten Punkt in Richtung »Kleinaspergle«. Wo rechts die evangelisch-methodistische Kirche steht, biegen wir nach links ab in die Wilhelmstraße. Nach der querenden Eglosheimer Straße nehmen wir die auf der anderen Seite etwas nach links ziehende Osterholzstraße. Kurz danach biegen wir nach rechts in die Pflugfelder Straße ein. Sie bringt uns leicht ansteigend zum *Kleinaspergle.*

An der Verzweigung kurz danach am Tennisplatz beziehungsweise am Naturfreundehaus halten wir uns rechts; gleich danach knickt unser Weg nach rechts ab. Nun wandern wir immer entlang des Bächleins, jetzt mit dem blauen Kreuz. Wo

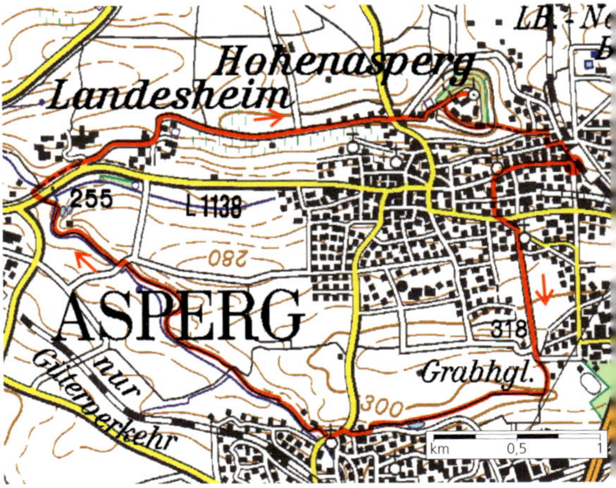

Die ehemalige Landesfestung Hohenasperg ist von einer fast uneinnehmbaren Mauer umgeben.

wir auf Häuser treffen, behalten wir unsere Richtung bei bis zur Landstraße; hier geht es etwas nach links versetzt weiter. Entlang des *Leudelsbaches* marschieren wir nun durch Kleingärten, über Weizenfelder und teilweise auf schmalem Pfad neben dem mäandernden Bach durch eine schöne Auenlandschaft, bis wir nach einem kleinen Teich nach links zur Landstraße kommen.

Wir folgen der Straße mit dem roten Kreuz nach rechts. Nach wenigen Minuten biegen wir nach links ab zum *Krankenhaus*. Dem Wanderzeichen folgend gehen wir durch die Anlage hinauf, links am Wasserturm vorbei und danach auf dem Höhenrücken geradeaus auf Asperg zu. An der quer verlaufenden Landstraße behalten wir unsere Richtung bei und gehen in der Schubartstraße bergauf zum Parkplatz. Dieser ist ein guter Ausgangspunkt für Autofahrer.

Wir betreten die mächtige *Festung Hohenasperg* durch das Löwentor hinter dem Parkplatz. Durch eine hohlwegartige Gasse steigen wir hinauf zum eigentlichen Eingang hinter dem Graben. Nun sollten wir nach rechts in die Anlage hineingehen und bis zum letzten Aussichtspunkt, der Hügelsburg, marschieren. Sie ist nach dem General Johann Andreas von Hügel (1734–1804) benannt.

Der **Hohenasperg** (356 Meter) war bereits ab der Jungsteinzeit (5500 bis 3400 v. Chr.) ein wichtiger Siedlungspunkt. In der Hallstattzeit saßen ab dem 1. Jahrhundert v. Chr. hier keltische Fürsten. Von ihnen stammen auch die zahlreichen Grabhügel der Umgebung. Nach der Niederlage der Alamannen bei Zülpich 496 befanden sich hier ein fränkischer Herrensitz und eine Gauthingstätte. Der Glemsgaugraf Gozbert schenkte 819 den Asperg dem elsässischen Kloster Weißenburg. Danach kam er im 11. Jahrhundert an die Grafen von Ingersheim, die eine Burg erbauten.

1181 besaßen die Pfalzgrafen von Tübingen den Berg als Lehen vom Kloster Weißenburg; die Grafen von Asperg waren ab 1228 eine Abspaltung der Tübinger. 1308 kam die Burg durch Kauf an Württemberg. 1312 wurde sie im Reichskrieg gegen Graf Eberhard den Erlauchten von Landvogt Konrad von Weinsberg und dem kaiserlichen Heer zerstört. Sie wurde ab 1314 stärker wieder aufgebaut; dazu kam auf der Hochfläche eine Siedlung, die 1510 Stadt wurde. Daneben entstand am Fuß des Bergs das Dorf Weihenberg. 1534 kam der Asperg wieder an Württemberg und wurde 1534/35 von Herzog Ulrich zu einer der wichtigsten und stärksten Landesfestungen ausgebaut. Die seinerzeit obere Stadt wurde an den Fuß des Berges umgesiedelt und mit dem Dorf Weihenberg zur Stadt Unterasperg vereinigt. Der Ort verlor aber an Bedeutung und wurde zum Dorf. Erst 1875 erhielt er sein Stadtrecht wieder zurück, als er an das Eisenbahnnetz angeschlossen wurde. Im Dreißigjährigen Krieg wurde die Festung elf Monate (1634/35) vom kaiserlichen Heer belagert. 1635 wurde sie kampflos übergeben, wobei die Württemberger freien Abzug erhielten. 1649 hatte die Festung wieder eine württembergische Besatzung. Später gab es keine starke Befestigung mehr, die Festung war nur noch Garnisonssitz und ab 1894 Staatsgefängnis.

Die Anlage von 1534/35 ist im Wesentlichen erhalten, wobei sich die Bauten aus dem 16./17. Jahrhundert um einen geräumigen inneren Hof gruppieren. Die Türme stammen von 1564/70, die Bastionen aus dem 17. Jahrhundert. Ein mehrfacher Zwinger umgibt die Anlage, die nur einen einzigen Zugang besitzt. Das »Löwentor« mit dem reich geschmückten Portal von Matthäus Weiß stammt aus der Erweiterung 1675. Dahinter führt ein Hohlweg hoch zum älteren und einfacher gearbeiteten Inneren Tor (1535).

Seit Jahrhunderten dient die Festung als Gefängnis – wegen der Gesinnung vieler Insassen auch »Demokratenbuckel« oder »Höchster Berg Württembergs« genannt,

Turm in der Ummauerung der Festung Hohenasperg

weil es oft Jahre braucht, bis man von ihm wieder herunterkommt. In den historischen Stichworten zu F. A. Köhlers »Albreise im Jahre 1750« steht: »Der Hohenasperg beherbergte damals mitunter wohl mehr württembergische Intelligenz, als sich an Hof und Landesuniversität versammelte.« Nach der missglückten Revolution 1848 wurden die unglücklichen »Hochverräter« mit den Worten »Da droben sitzt die Demokratenbrut, büßend ihren Übermut« verspottet. Berühmte Gefangene waren zum Beispiel Graf Hartmann von Grüningen (1280), Joseph Süß Oppenheimer (1737/38), der Geheime Finanzrat von Herzog Karl Alexander, der Dichter Christian Friedrich Daniel Schubart (1777–1787), der Nationalökonom Friedrich List (1824/25) sowie im 20. Jahrhundert der württembergische Staatspräsident Eugen Bolz und der Journalist Klaus Mehnert. Heute dient die Festung als Zentralkrankenhaus für die baden-württembergischen Gefängnisse.

Anschließend gehen wir wieder zurück zum Graben und folgen auf der anderen Seite mit dem roten Kreuz dem schmalen Weg, der ein Stück am Graben entlangführt (Panoramaweg), dann geht es nach rechts auf Stufen hinab. Wir spazieren unten durch das Schwitzgässle, biegen am Ende nach rechts, dann gleich wieder nach links ab und kommen zur Alleenstraße. Nach rechts kommen wir zum *Bahnhof*.

In dem putzigen Türmchen konnten sich die Wachen unterstellen.

- **Länge:**
  Etwa 10 Kilometer.

- **Zeit:**
  Etwa 3 Stunden.

- **Höhenunterschied:**
  Etwa 250 Meter.

- **Empfohlene Karte:**
  Freizeitkarte 517 Heilbronn, Landesvermessungsamt Baden-Württemberg.

- **Einkehrmöglichkeiten:**
  Asperg, Naturfreundehaus, Hohenasperg.

- **Sonstiges:**
  Die Wanderung verläuft überwiegend auf festen Wegen, kurze Stücke auf Pfaden.

- **Kurzzugang:**
  Man kann unterhalb der Festung parken.

Ruine Hofen

Neckarrems – Hofen – Max-Eyth-See

Man staunt, was für eine interessante Burgruine und welch herrliche Natur in der direkten Umgebung Stuttgarts zu entdecken sind. Diese Wanderung führt uns durch Streuobstwiesen, über Felder, durch Waldstücke und das Naturschutzgebiet Oeffinger Scillawald. Zum Abschluss besuchen wir den Max-Eyth-See, eines der beliebtesten Stuttgarter Naherholungsziele. Hier kann man Boote leihen, sich zur Entspannung auf die Wiese legen, einkehren und den Rest des Tages entspannen.

- **Ausgangspunkt:**
  Remseck-Neckarrems.

- **Wegverlauf:**

Wir beginnen bei der *Endstation* der Stadtbahnlinie 14 und spazieren noch etwas in Fahrtrichtung geradeaus unter der Straße hindurch. Dann biegen wir nach rechts ab, überqueren den Neckar auf der modernen, mit Glas gedeckten Brücke und gehen dahinter, vorbei an der Skulptur »Knabe in Gefahr«, geradeaus weiter bis zur nächsten Straße. Hier halten wir uns in der Fellbacher Straße rechts, unterqueren die Remstalstraße und gehen kurz parallel zum Neckar. Gleich darauf zweigen wir nach links auf den schmalen Schlossweg ab, der uns hoch zu den Wohnhäusern bringt.

Oben, wo es links zum Schloss geht, überqueren wir die Straße »Am Oberen Schlossberg« und gehen links der Häuser mit dem Zeichen roter Strich auf dem Wiesenpfad weiter bis zur nächsten Straße (Am Rappenhau). Wo diese nach rechts abknickt, folgen wir dem Zeichen nach links in den Wald. Nach dem Wald geht es mit viel Aussicht auf einem Wiesenweg weiter bis zu einem querenden Asphaltweg. Hinter ihm durchqueren wir das *Naturdenkmal Hohlweg Bernhardslauch*.

Nach dem Hohlweg geht es kurz auf einem Feldweg weiter. Wir zweigen nach den Überlandleitungen links ab und wandern am Waldrand entlang auf dem Wiesenweg weiter bis zu einem *Parkplatz*. Hier gehen wir auf seiner Zufahrtsstraße kurz nach rechts, dann mit dem Zeichen links. Etwas später treffen wir auf die Landstraße, auf deren anderer Seite es zwischen *Sportplätzen* weitergeht, bald hinunter zum Ruckgraben vor einer Landstraße. Wir biegen nach rechts ab und gehen an der *Erddeponie* entlang bis zu einem Querweg nach der Deponie. Wer will, kann hier nach rechts einen Abstecher auf den als Aussichtspunkt gestalteten Hügel machen.

Anschließend folgen wir dem nach rechts ziehenden Weg, vorbei an der Kläranlage, durch das *Weidachtal*. Rechts sehen wir die Terrassenmauern der ehemaligen Bewirtschaftung. Vor dem Neckar biegen wir nach links ab und wandern durch das *Naturschutzgebiet Oeffinger Scillawald.* Nach dem Scillawald spazieren wir links an den *Sportplätzen* vorbei, danach an der Verzweigung gehen wir nach links hinauf. Oben sehen wir ein *Feldkreuz,* bei dem wir uns rechts in die Oeffinger Straße halten. Kurz

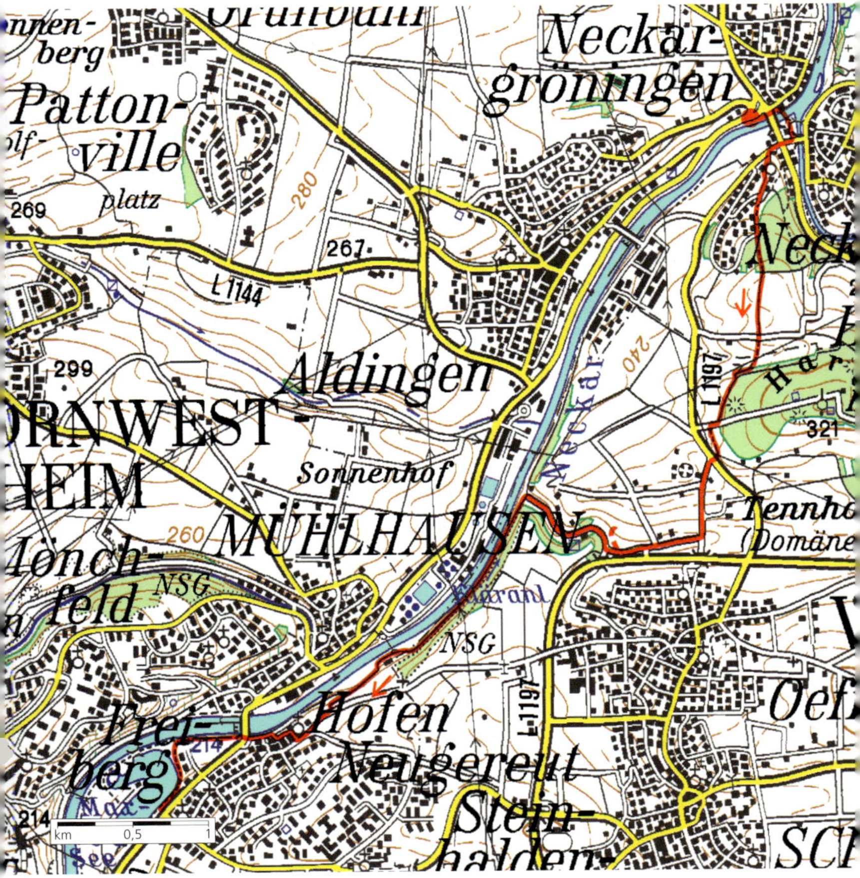

Die Ruine Hofen ist die größte Ruine in Stuttgart.

danach biegen wir nach rechts ab zum *Gemeindezentrum.* Danach kommen wir zur *Ruine Hofen.*

Die **Ruine Hofen** ist die letzte Burgruine in Stuttgart mit noch namhaften Mauerresten. Sie sollte früher den Neckarübergang – durch eine Furt und mit einer Fähre – sichern. Demselben Zweck diente die auf der anderen Seite auf der Höhe liegende, mittlerweile abgegangene Engelburg. Ein Dorf Hofen wurde 1120 erstmals erwähnt; vermutlich um 1250 entstand daneben eine Burg. Damals wurde ein Ritter Luithard von Mühlhausen erwähnt, dessen Sohn Kuno sich bereits »von Hofen« nannte. Es wurde auch schon geschrieben, dass die Herren von Mühlhausen-Hofen den in Mühlhausen wohnenden Herren von Blankenstein ausweichen wollten und dann hierher gezogen sind. 1287 zerstörte König Rudolf von Habsburg die Burg, als er gegen Graf Eberhard den Erlauchten von Württemberg Krieg führte.

1369 war der Letzte des Geschlechts, Luithart IV., tot. Danach ging die Burg an die Württemberger über. Ob diesen Burg und Dorf bereits vorher gehört hatten, ist nicht bekannt, jetzt aber verfügte Graf Eberhard II. über beides und gab es Ritter Reinhart von Neuhausen zu Lehen. Den Edelknechten und Rittern des von den Fildern stammenden Geschlechts gehörten dann bis 1753 Burg und Dorf. Die Burg wurde vermutlich aber bereits 1633 im Dreißigjährigen Krieg zerstört, als die Feinde Proviant verlangten und nichts bekamen. 1685 wurde die Ruine mit noch einem erhaltenen Turm von Andreas Kieser gezeichnet. 1753 gab Joseph Athanasius Baron von Neuhausen das Lehen an Herzog Karl Eugen zurück. 1783 brach man die Ruine teilweise ab. Ihre Steine wurden zum Bau der benachbarten Sankt-Barbara-Kirche und weiterer Gebäude in Hofen verwendet.

Heute sind noch die hohe Schildmauer zur Hauptangriffsseite, ein Turmstumpf in der Mitte und Teile der Ringmauer an der West- und Ostseite erhalten. In der Südostecke lag der Palas, in der Südwestecke war ein Holzbau an die Schildmauer angebaut. In der Nordostecke stand ein weiteres Nebengebäude. Kernburg und Zwinger waren von Gräben umzogen. Von der äußeren Burgmauer, zwischen Zwinger und Graben, stehen noch die Westseite und ein kurzes Stück mit einer Schießscharte an der Südseite. Hier befand sich eventuell ein kleines Wachthaus. Der Zugang zu der Anlage führte über eine Brücke und den Graben zur Südwestecke und zum Tor auf der Westseite der Burg.

Wir spazieren an der *Kirche* vorbei und sollten dabei die Epitaphe an ihrer Außenwand beachten. Dann geht es in der Scillawaldstraße bergab. Nachdem links die Faßnachtstraße abgezweigt ist, halten wir uns rechts zum Neckar und spazieren parallel zum Fluss weiter. Gleich danach liegt links das ehemalige, winzige Fährhäuschen, an dem noch alte Hochwassermarken zu sehen sind.

Danach unterqueren wir die Straße und befinden uns in den ausgedehnten *Parkanlagen* um den Max-Eyth-See. Wer sich links hält, kommt an insgesamt drei Stadtbahnhaltestellen vorbei. Schöner ist es jedoch, wenn wir rechts parallel zum Neckar weiterwandern. Nach dem Gebäude der Wassersportler zieht der Weg nach links zum Ufer des *Max-Eyth-Sees.* Wir gehen am See entlang. Bald kommt eine weitere Stadtbahnhaltestelle und nach dem See die letzte in diesem Naherholungsgebiet.

Historisch interessierte Wanderer können sich noch etwas ansehen: Auf der rechten Seite des Max-Eyth-Sees, wo man den Kiosk sieht, lag in römischen Zeiten (85–260 n. Chr.) ein ausgedehnter Gutshof, eine Villa rustica. Von diesem so genannten Heidenschloss ist jedoch nichts mehr zu sehen, lediglich eine Tafel erzählt noch davon.

Die mächtige Schildmauer zur Bergseite sollte die Feinde abschrecken.

- **Länge:**
  Etwa 7 Kilometer.

- **Zeit:**
  Etwa 2 ½ Stunden.

- **Höhenunterschied:**
  Etwa 160 Meter.

- **Empfohlene Karte:**
  Freizeitkarte 520 Stuttgart, Landesvermessungsamt Baden-Württemberg.

- **Einkehrmöglichkeiten:**
  Sportplatzgaststätten unterwegs, Max-Eyth-See.

- **Grillmöglichkeit:**
  Max-Eyth-See.

- **Sonstiges:**
  Die Wanderung verläuft auf festen und Naturwegen.

- **Öffentliche Verkehrsmittel:**
  An- und Abfahrt mit der Stadtbahnlinie 14.

- **Kurzzugang:**
  Die Ruine kann angefahren werden. Oder man spaziert von den Stadtbahnhaltestellen am Max-Exth-See hinauf.

Ruine Liebeneck

Würmtal – Ruine Liebeneck – Würm – Hohenwart – Schellbronn – Würmtal

Diese Wanderung im und über dem teilweise als Naturschutzgebiet ausgewiesenen Würmtal verschafft uns einen guten Eindruck vom östlichen Nordschwarzwald. Wir sehen immer wieder eine Blockwildnis, wandern durch dichte Wälder und überqueren zweimal die hier recht breite Würm. Höhepunkt ist natürlich die Ruine Liebeneck, aber auch der Aussichtsturm Hohe Warte ist ein beliebtes Ziel.

- **Ausgangspunkt:**
  Parkplatz im Würmtal.

- **Wegverlauf:**
  Den Parkplatz finden wir im *Würmtal,* kurz nachdem das von Tiefenbronn nach Norden führende Sträßchen in die durch das Tal führende Straße eingemündet ist, auf der östlichen Seite. Wir überqueren die Straße und wandern mit dem Zeichen schwarzrote Raute auf dem Waldweg nach links empor. Bald zweigt unser Wanderweg als Pfad nach rechts ab und bringt uns hoch zu der *Ruine,* die wir bald hinter den Bäumen erspähen können.

Die heutige **Ruine Liebeneck** (415 m) wurde 1263 erstmals urkundlich erwähnt, als Burg und Dorf Würm von den Herren von Weissenstein (Wizzenstein) auf Kräheneck an Markgraf Rudolf I. von Baden übertragen wurden. 1441 kam sie als Lehen von Markgraf Jakob I. von Baden an Georg und Eberhard von Urbach (Auerbach), 1458 an den Pforzheimer Schultheiß Paul Leutrum von Ertingen; sie blieb 370 Jahre im Besitz seiner Familie. 1692 wurde sie von französischen Truppen zerstört. Dabei verbrannte auch das Pforzheimer Stadtarchiv, das man hierher in vermeintliche Sicherheit gebracht hatte. 1770 wurde sie wieder aufgebaut. Burgherrin war unter anderem auch die spätere Franziska von Hohenheim, die Gattin des Reinhard Leutrum. 1828 kam die Burg an den badischen Staat, der die Wohngebäude abbrechen ließ, um »Gesindel« keinen Unterschlupf zu gewähren.

Kernburg und Bergfried entstammen zwei Bauperioden, wobei der quadratische und rund dreißig Meter hohe Bergfried und das nordöstliche

Der rund dreißig Meter hohe Bergfried stammt aus dem 12. Jahrhundert.

Stück der Zwingermauer aus dem 12. Jahrhundert stammen. Die siebeneckige Ringmauer entstand später. Es gibt aber auch Vermutungen, nach denen es genau umgekehrt ist.

Nach der Besichtigung halten wir uns hinter der Ruine links in Richtung »Würm«. Nun geht es meist abwärts. Bald sehen wir eine für den Nordschwarzwald typische Blockwildnis. Immer der schwarzroten Raute folgend – wir ignorieren, dass die gelbe Raute bald nach rechts abzweigt –, kommen wir hinab ins *Würmtal.*

Wir überqueren die Straße und den Fluss auf der *Arkbrücke,* dann wandern wir auf dem Sträßchen kurz nach rechts hoch und zweigen vor der Kurve nach links auf den als Radweg ausgezeichneten Waldweg ab. Er führt gemächlich nach oben, zieht schließlich nach rechts und knickt gleich darauf scharf nach rechts ab. Nun fällt es wieder eine Zeit lang, dann kommen wir nach links in das Wohngebiet von *Würm.*

Wir gehen kurz auf der Anwohnerstraße, biegen

vor dem Tennisplatz nach links in die Straße Im Strutacker ein, halten uns vor Haus Nr. 9 links, dann rechts. Kurz dahinter biegen wir nach links in die Dollbronner Straße ein und spazieren hinaus auf die Wiesen. Etwas später kommen wir in den Wald, wo der Weg nach rechts zieht und uns nach dem Zusammentreffen mit zwei anderen Forstwegen nach rechts zur Straße bringt. Dieser folgen wir nach links.

Etwas später wandern wir rechts am Sportplatz vorbei und gehen darauf nach *Hohenwart* hinein. Wir spazieren bis zur vorfahrtsberechtigten Schellbronner Straße, dahinter geradeaus in der Wilhelmstraße weiter. An einem sehenswerten Kruzifix biegen wir nach links in den Alten Rathausweg ein, der uns zur *Heilig-Kreuz-Kapelle* bringt. Wir gehen nach links im Hohlweg weiter und halten uns an der Verzweigung nach dem Ort links, dann rechts in den Wald. Gleich danach kann, wer will, nach rechts einen etwa zehnminütigen Abstecher zum *Aussichtsturm Hohe Warte* machen, der 2002 zum Gedenken an den Orkan Lothar am 26. Dezember 1999 erbaut wurde.

Danach kehren wir wieder zurück zu dem Weg, von dem wir abgezweigt sind, und spazieren nach rechts vor die Häuser von *Schellbronn*. Wir halten uns vor dem Ferienpark links und gehen am Rand der Häuser weiter, schließlich geradeaus in der Nikolausstraße. Nach Haus Nr. 1 mit der angebauten Fachwerkscheuer biegen wir nach links in die Durchgangsstraße ein und kommen an der nächsten Kreuzung zur Kirche.

Wir spazieren geradeaus weiter, an der Verzweigung am Friedhof nach links aus dem Ort hinaus, und zweigen kurz nach dem Ortsschild nach links auf den über die Wiesen führenden Weg ab. Wir kommen in den Wald und gehen auf der Dollbronner Straße bergab. Am Waldrand befindet sich eine Schutzhütte

Die Burg wurde durch eine mächtige Umfassungsmauer geschützt.

mit Grillgelegenheit. Nach einigen Minuten geht nach links der Obere Hangweg ab; danach sehen wir ein weiteres Blockmeer. Anschließend beschreibt die Straße eine scharfe Rechtskurve. Wir ignorieren den eben nach rechts führenden Tirolerweg und spazieren hinab zum Ausgangspunkt.

- **Länge:**
  Etwa 13 Kilometer.

- **Zeit:**
  Etwa 4 ½ Stunden.

- **Höhenunterschied:**
  Etwa 360 Meter; nur Ruine etwa 80 Meter.

- **Empfohlene Karte:**
  Freizeitkarte 502 Pforzheim, Landesvermessungsamt Baden-Württemberg.

- **Einkehrmöglichkeit:**
  Schellbronn.

- **Grillmöglichkeiten:**
  Parkplatz Stegwiesen, nach Schellbronn.

- **Sonstiges:**
  Die Wanderung verläuft auf Forstwegen und Sträßchen.

- **Kurzzugang:**
  Vom Parkplatz aus etwa 20 Minuten einfach.

Ruine Zavelstein

Wimberg – Rötelbachtal – Zavelstein – Speßhardt – Wimberg

In Zavelstein steht eine bemerkenswerte Burgruine aus rotem Buntsandstein, die uns einen Blick über die Hochfläche und ins Teinachtal ermöglicht. Auch das kleine Örtlein selbst, dessen alter Kern eigentlich nur aus einer kurzen Straße besteht, ist sehenswert. Besonders zu empfehlen ist die Tour im März zur Krokusblüte; früher gab es zu dieser Zeit sogar Sonderzüge.

- **Ausgangspunkt:**
  Calw-Wimberg.

- **Wegverlauf:**
  Im Nagoldtal fahren wir über Calw nach *Wimberg*. Dort folgen wir dem Schild nach links (angezeigt: »Stadion, TÜV, Wanderparkplatz«) und kommen auf dem Sträßchen nach nicht ganz zwei Kilometern zum Parkplatz. Wir wandern nun in den Wald hinein und treffen nach fünf Minuten auf den mit schwarz-roter Raute bezeichneten Wanderweg. Dem Zeichen nach rechts folgend erreichen wir einen schmalen

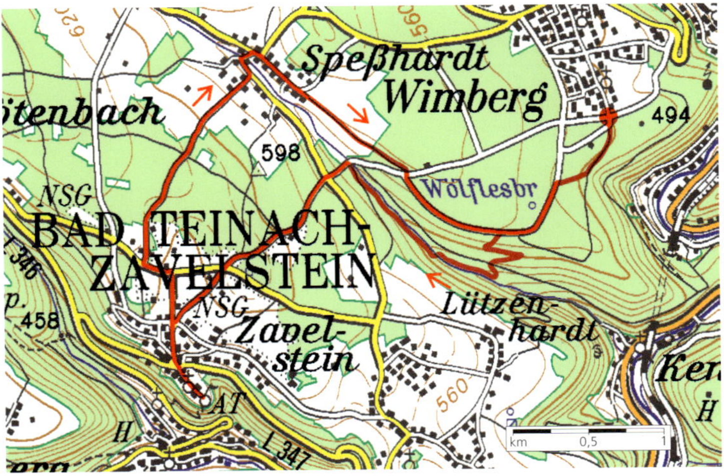

Die Ruine Zavelstein steht hoch über dem Teinachtal.

Pfad, der uns zu einem *Wildgehege* bringt.

Danach spazieren wir weiter und biegen nach rund zehn Minuten in den Sommenhardter Weg ein (gelbblaue Raute in Richtung »Zavelstein/Wanderheim«). Es geht auf schönem, weichem Fußpfad fast alpin steil bergab. Wir queren zwei Waldwege und kommen zum romantischen *Rötelbach*. Um die Nähe des Wassers länger zu genießen, kann man ihm etwas nach links folgen. Ansonsten gehen wir neben dem Bach her nach rechts aufwärts und freuen uns an seinem munteren Plätschern, seinem Rieseln und geheimnisvollen Rauschen zwischen großen bemoosten Steinen.

Leider sind wir bald an der Straße. Wir biegen nun nach links ab, überqueren den Bach und wandern dem Schild »Wanderheim« folgend das Sträßchen hoch. Oben verlassen wir den Wald und stehen auf den nach Süden geneigten Krokuswiesen. Links von uns befindet sich das Wanderheim des Schwarzwaldvereins.

Bekannt ist Zavelstein auch wegen seiner **Krokusblüte**. Das rund 53 Hektar große Gebiet steht seit 1979 unter Naturschutz. Pro Quadratmeter findet man mehr als zwanzig Pflanzen, stellenweise aber auch bis zu hundert! Die Krokusse wurden 1825 erstmals erwähnt. Wie sie hierher kamen, weiß man nicht genau. Vielleicht hat der Burgherr Benjamin Buwinghausen von Wallmerode diese eigentlich aus den südlichen Alpen stammende Pflanze Anfang des 17. Jahrhunderts von einer seiner vielen diplomatischen Reisen in die Mittelmeerländer mitgebracht. Sie ist dann aus dem Zavelsteiner Burggarten »entflohen« und in den Wiesen ausgewildert. Andere sagen jedoch, dass die Krokusse von den Mönchen des Klosters Hirsau angepflanzt worden seien, die aus ihnen Safran gewinnen wollten.

Unten im »Städtle« überqueren wir die Straße und gehen auf der anderen Seite auf dem früher einzigen Sträßchen des Ortes zwischen mittelalterlichen Häusern und Spitzwegidyllen zur *Burgruine*.

Die um 1200 errichtete Burg, die heutige **Ruine Zavelstein** (558 m), war erst eine Vogtsburg der Grafen von Calw oder ihrer Nebenlinie, der Grafen von Vaihingen. Hier verstarb 1284 die letzte Gräfin von Calw. Danach gehörte die Anlage verschiedenen Herren als Eigentum, Pfand oder Lehen: den Herren von Gültlingen (etwa 1300–1342) oder bis 1369 den einst mächtigen Pfalzgrafen von Tübingen. Nach ihrem Niedergang musste der Pfalzgraf seinen Besitz verkaufen. Die Württemberger erwarben 1345 Ort und Burg. Sie ließen dem Pfalzgrafen dann noch Zavelstein und Sindelfingen als »Leibgeding auf Lebenszeit«.

Nachdem die Burg im Bauernkrieg 1525 erfolglos belagert worden war, verwüsteten die Bauern die Weinberge der Umgebung. 1612 erhielt der Geheime und Kriegsrat des Herzogs Johann Friedrich, Benjamin Buwinghausen von Wallmerode, die Anlage erst als Lehen, 1620 erwarb er sie dann mit einem »Gnadenkauf«. Er war für den Herzog viel gereist und hatte einige Jahre sogar das Herzogtum Alençon in der Normandie verwaltet, das dem Herzog 1605 bis 1612 als Pfand gehörte.

Er ließ die Burg von dem herzoglichen Baumeister Heinrich Schickhardt zu einem Renaissanceschloss umbauen. Schickhardt fasste die Gebäude links und rechts des Turms unter einem großen Dach zusammen und verband sie mit drei offenen Galerien. Über dem Torbau lagen Torstube und Vorratsräume, darüber war ein großer Saal mit drei zweiteiligen Fenstern. Der »Neue Bau« mit Wohnräumen, Küche, Kammern und einer Badstube im Erdgeschoss befand sich westlich des Turms. Der gegenüberliegende, zweistöckige »Alte Bau« besaß einen großen Weinkeller, in

Der Bergfried der Ruine Zavelstein dient als Aussichtsturm.

dessen Gewölbe 15 Fuder Wein Platz hatten; ein württembergisches Fuder entsprach 1750 bis 1950 Litern.

Im Dreißigjährigen Krieg und im Französisch-pfälzischen Erbfolgekrieg hatten Stadt und Burg schwer zu leiden. Beispielsweise plünderten die Kaiserlichen, die eigentlich zum Schutz der Stadt hier waren, 1634 über 300 Hektoliter Wein. Der berüchtigte französische Feldherr Mélac verbrannte 1692 Stadt und Burg. Die Bewohner mussten sogar noch selbst Reisig in ihre Häuser und in die Burg tragen, um diese völlig einzuäschern. Obwohl die Burg im Gegensatz zur Stadt nicht mehr aufgebaut wurde, lebte hier noch eine Witwe aus der nach Altburg übergesiedelten Familie Buwinghausen, danach ein Förster.

Die im Kern aus der Romanik stammende Burganlage ist von der Stadt durch einen doppelten Graben, eine Schildmauer und die folgende Ringmauer getrennt. In der Vorburg lagen Wirtschaftsgebäude und später die Wohnung des Burgvogts. Vermutlich im Laufe des 15. Jahrhunderts wurde die Burg mit einem zweiten Mauerring mit Zwinger geschützt, der auch die Stadt mit einbezog. Über den ehemaligen Burggraben führte einst eine Zugbrücke auf das neunzig Meter lange und fünfzig Meter breite Burgareal. Die Schildmauer ist zwei bis drei Meter stark. Im Durchgang sieht man noch einen Teuchel und einen alten Teuchelbohrer. Die Grundfläche der Burg ist etwa dreieckig und besitzt Seitenlängen zwischen 35 und 60 Metern. Der zwischen Vor- und Hauptburg stehende, 28 Meter hohe Bergfried wurde – vermutlich im 13. Jahrhundert – aus Buckelquadern errichtet. Unter ihm befand sich früher das Verlies. Die Ruine des zweigeschossigen Palas/Wohnbaus aus der Renaissance steht in der Südwestecke der Anlage. Noch erhalten ist der westliche Treppengiebel des alten Baus.

Zurückgehend zum Städtchen überqueren wir wieder den Marktplatz in Richtung »Krokuswiesen«. Allerdings halten wir uns an der Gabelung an den linken Weg zum Sportplatz. An der Scheune biegen wir wieder links ab und nehmen am Waldrand das Sträßchen nach Speßhardt. Noch vor dem Ort, nach dem Café, gehen wir nach links, kurz darauf nach rechts und überqueren nach der Waage den *Rötelbach*. Dann folgen wir der blauen Raute nach rechts in Richtung »Calw«.

Bevor die Straße nach den letzten Häusern eine Linkskurve macht, nehmen wir – vor dem letzten Gehöft – rechts das geradeaus führende Weglein und kommen über Wiesen und durch den Wald zur Straße. Diese überquerend folgen wir auf der anderen Seite der rot-schwarzen Raute. Kurz darauf kommt uns der Rückweg bekannt vor; in einer Viertelstunde sind wir am Ausgangspunkt.

Blick vom Bergfried auf die Ruine Zavelstein

- **Länge:**
  Etwa 10 Kilometer.

- **Zeit:**
  Etwa 3 Stunden.

- **Höhenunterschied:**
  Unwesentlich.

- **Empfohlene Karte:**
  Freizeitkarte 502 Pforzheim, Landesvermessungsamt Baden-Württemberg.

- **Einkehrmöglichkeiten:**
  Wanderheim, Zavelstein, Speßhardt.

- **Sonstiges:**
  Die Wanderung verläuft fast ständig auf guten Wegen und wenig befahrenen Sträßchen. Wer nicht unbedingt die Krokusblüte sehen will, für den ist die Tour zu jeder Jahreszeit empfehlenswert. Der Bach ist im Frühjahr sowie bei und nach feuchtem Wetter sicher am eindrucksvollsten. Für Kinder sind das Wildgehege, der Rötelbach und die Burgruine sehr interessant.

- **Kurzzugang:**
  Von den Parkplätzen in Zavelstein ist man in wenigen Minuten zur Ruine spaziert.

Ruine Waldeck

Parkplatz Hof Waldeck – Seitzental – Trölleshof – Neubulach – Ruine Waldeck – Parkplatz

Die Ruine Waldeck soll die größte Ruine des Schwarzwaldes sein. Sie liegt einsam im Wald und kann in eine schöne Tour eingebunden werden. Man wandert hierzu erst entlang der Nagold, später durch den Wald und über Flächen, die eine weite Aussicht bieten. Zusätzliche Attraktionen dieser Tour sind das Besucherbergwerk in Neubulach und das Fachwerkstädtchen Neubulach selbst.

- **Ausgangspunkt:**
  Parkplatz Hof Waldeck.

- **Wegverlauf:**
  Den Parkplatz finden wir südlich von Calw an der B 463, kurz nach dem Abzweig der Straße nach Bad Teinach und vor dem Abzweig nach links in Richtung »Stuttgart«. Wir gehen kurz zurück, dann nach links und direkt an den Gebäuden des *Hofes Waldeck* vorbei in den Wald. Nach kurzem Anstieg treffen wir auf einen asphaltierten Weg. In ihn biegen wir nach links ein und wandern parallel zur Nagold bis *Kohlerstal*.

Vor dieser Ansiedlung halten wir uns erst rechts, dann vor den Häusern links und spazieren weiter auf dem Sträßchen bis *Seitzental*. Wir bleiben auch da, wo es nach rechts zum Besucherbergwerk geht, im Tal und marschieren noch etwa zwanzig Minuten, bis der mit der Raute markierte Weg nach rechts in Richtung »Neubulach« abzweigt.

Nun steigt es an. Wir ignorieren die verschiedenen nach rechts abgehenden Wege und kommen auf der Höhe zum Waldrand, wo uns das Zeichen nach rechts weist. Vor dem *Trölleshof* biegen wir nach links ab, am nächsten Quersträßchen nach rechts.

Es geht am *Brunnenhof* vorbei, danach in den Wald. Hier zieht das Sträßchen nach rechts, wir ändern aber unsere Richtung nicht und steigen auf einem Naturpfad bergab zu einem kleinen *Stausee* und nach diesem rechts zur *Lochsägemühle*. Sie liegt wirklich in einem »Loch«. Hier sollten wir uns das große Mühlrad ansehen, es ist sicher eines der größten im Land. Dann wandern wir links an der Mühle vorbei hinauf zum *Parkplatz* des Besucherbergwerks, wo wir eine Besichtigungspause einlegen können.

Die Ruine Waldeck gehört zu den größten Anlagen im Schwarzwald.

Danach biegen wir oberhalb des Parkplatzes nach rechts ab. Die Straße zieht nach links und wir spazieren nach *Neubulach* hinein. Vorbei am Park und einem kleinen Weiher kommen wir zur Durchgangsstraße (Altbulacher Straße). Wir halten uns links, dann gleich wieder rechts und schlendern vorbei an der Kirche zum Marktplatz mit dem Rathaus und der Bergvogtei.

Bei der Bergvogtei und dem Rathaus biegen wir nach rechts ab. Am Ortsende halten wir uns links in die Schillerstraße, an der nächsten Verzweigung bei Haus 26 rechts. Wir verlassen den Ort, kommen nach dem Wasserbehälter zu einem *Weiher* und wenden uns hinter diesem nach rechts nach *Altbulach*. Nun spazieren wir immer geradeaus bis zur *Kirche*, halten uns hier an der Verzweigung links und an der nächsten Verzweigung an Haus 17 noch einmal links in die Brunnenstraße. Kurz nach dem Dorf stoßen wir auf eine weitere Landstraße, der wir in Gehrichtung folgen. Links sehen wir einen großen *Spiel- und Grillplatz*. Nach der scharfen Linkskurve werden wir nach rechts zur »Ruine Waldeck« verwiesen.

Was man erzählte ...

Eine Tochter eines Schlossherrn, die bei einer Eroberung ums Leben kam, soll in den alten Gewölben immer noch auf ihre Erlösung warten. Sie besitzt die Gestalt einer Schlange, hat silberne Schuppen und erschien früher manchmal Kindern, die im Schlosshof spielten. Die Schuppen, die sie ihnen schenkte, verwandelten sich zu Hause in pures Gold! Nach einer weiteren Sage gab es von der Burg Waldeck einen unterirdischen Gang zum Hof Waldeck zu Füßen der Burg. Hier sollen die Ritter ihre reichen Schätze aufbewahrt haben, die von einem schwarzen, unheimlichen Hund bewacht wurden.

Nun geht es auf einem steinigen Pfad im Wald abwärts. An einem querenden Forstweg behalten wir unsere Richtung bei und stoßen kurz danach auf den Rast- und Grillplatz »*Geigerles Lotterbett*«. Hier finden wir zwei wie ein Dach schräg gegeneinander gelehnte Steinplatten. An dieser Stelle soll einmal eine hochmütige Waldeckerin einen fahrenden Geiger, der unter den beiden Felsbrocken übernachtet hatte, über den Haufen geritten haben. Wir gehen links davon weiter abwärts. Ein paar Minuten später werden wir zur »Ruine« nach rechts verwiesen. Es geht noch kurz hinauf, dann haben wir die *Ruine Waldeck* erreicht. Man kann aber auch ab »Geigerles Lotterbett« etwas nach rechts versetzt, bald auf einem Pfad und auf Steinstufen und vorbei an mächtigen Felsformationen zur Ruine gelangen.

Nach der **Burg Waldeck** (etwa 420 m) nannten sich zwei Familien. Davon war eine ursprünglich edelfrei; sie starb 1417 mit dem Edelknecht Reinhard von Waldeck aus. Die andere war eine Ministerialenfamilie, die 1534 mit Truchsess Tristram von Waldeck ausstarb. Sie war, zumindest im 14. Jahrhundert, vermögender als die andere Familie.

Die Anlage wurde um 1120/40 von den edelfreien Herren von Waldeck – ein Ortwin von Waldeck wurde 1140 genannt – errichtet. Insgesamt besaß die Familie fünf Burgen in der Umgebung. 1279 führte Graf Albrecht von Hohenberg Krieg gegen sie, nachdem sie angeblich den von König Rudolf verkündeten Landfrieden missachtet hatten. 1284 nahm König Rudolf die Burg nach zweimonatiger Belagerung ein und zerstörte sie. Neue Besitzer waren die Hohenberger. Der Schwager König Rudolfs, Graf Albrecht, ließ die Anlage wieder aufbauen. Die Herren von Waldeck durften als hohenbergische Waldvögte auf der Burg bleiben. Aus Verbitterung schlossen sie sich jedoch den Grafen von Baden an und führten 1287 zusammen mit diesen einen schließlich erfolgreichen Krieg gegen den Grafen von Hohenberg.

Überhaupt galten die Truchsessen von Waldeck als eine kriegerische Familie. Beispielsweise waren sie in der zweiten Hälfte des

Um die Ruine Waldeck verläuft eine hohe Ringmauer.

14. Jahrhunderts in viele Fehden verwickelt. Dadurch besaßen sie zeitweise auch die Burgen Guttenberg und Maienfels. Sie wurden 1358 gefangen genommen, nachdem die Reichsstädte dafür sogar einen Preis ausgesetzt hatten. Ab 1364 gehörte die Burg zusammen mit Bulach und Wildberg eine Zeit lang auch der Rheinpfalz. Die Waldecker zogen sich schließlich nach Altburg zurück. Nachdem der letzte des Geschlechts 1553 gestorben war, fielen die Lehnsrechte an Württemberg zurück. Im 16. Jahrhundert wurde die Burg aufgelassen, sodass sie um

1600 ein »verschleifter Burgstall« genannt wurde. Die letzten Reste zerstörte 1692 der französische General Mélac.

Waldeck besaß eine ausgedehnte Vorburg, die sich über den ganzen langen und schmalen Bergrücken des Schlossbergs, einen Umlaufberg der Nagold, bis hin zu »Geigerles Lotterbett« erstreckte. Die Anlage war rund 250 Meter lang und bestand aus mehreren, durch Gräben voneinander getrennten, kleinen turmartigen Steinbauten auf hohen Felssockeln. Die Kernburg aus dem 12. Jahrhundert wird von einer mächtigen Zwingeranlage aus dem Spätmittelalter umgeben und besitzt einen flankierenden Rundturm, einen Torbau und eine sich den Hang hinabziehende Schenkelmauer. Man sieht noch Rundbogentore, die mächtige äußere Wehrmauer bis in etwa zwölf Meter Höhe mit Schießscharten und im Zentrum den Rest des riesigen Buckelquader-Bergfrieds (12. Jh.). An ihn schließt sich die fast viereckige Ringmauer an. Gesichert war die Anlage mit einem fünffachen tiefen Burggraben und auf der Angriffsseite vom Berg her mit vier Mauern. Aus dem späten Mittelalter stammen die Zwinger mit dem Rundturm.

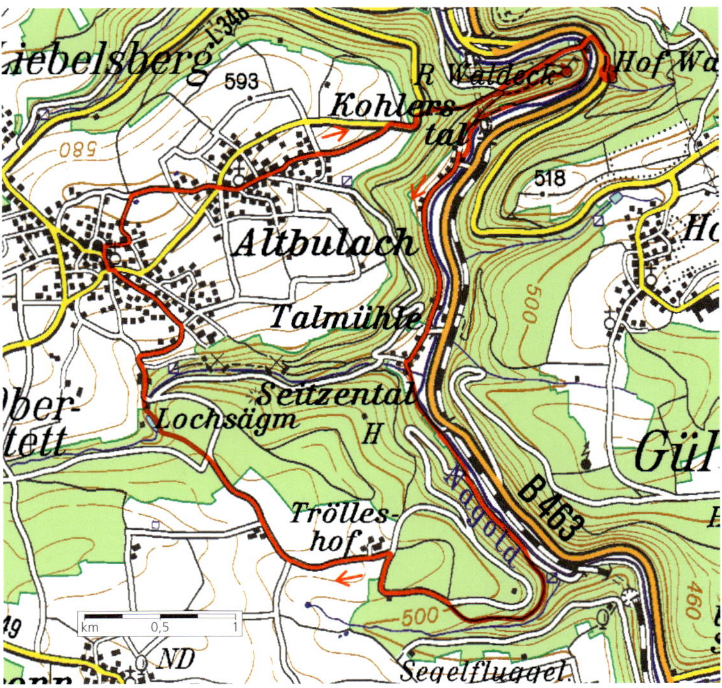

Anschließend kehren wir zu dem abwärtsführenden Waldweg zurück und folgen ihm nach rechts. Nach dem nächsten querenden Asphaltweg kennen wir den Rückweg.

- **Länge:**
  Etwa 14 Kilometer.

- **Zeit:**
  Etwa 4 Stunden.

- **Höhenunterschied:**
  Etwa 360 Meter.

- **Empfohlene Karte:**
  Freizeitkarte 502 Pforzheim, Landesvermessungsamt Baden-Württemberg.

- **Einkehrmöglichkeiten:**
  Neubulach.

- **Grillmöglichkeiten:**
  Nach Altbulach, »Geigerles Lotterbett«, Ruine Waldeck.

- **Sonstiges:**
  Die Wanderung verläuft meist auf festen Forstwegen und Sträßchen. Das Mineralienmuseum in Neubulach zeigt Prachtstufen von berühmten Fundstellen im Schwarzwald.

- **Kurzzugang:**
  Es gibt zwei Möglichkeiten. Der kürzeste Zugang führt vom Parkplatz in knapp einer Viertelstunde zur Ruine. Man geht wie beschrieben nach dem Hof Waldeck in den Wald, biegt aber danach nicht nach links ab, sondern geht noch einige Minuten länger geradeaus nach oben, bis nach links ein Abzweig zur Ruine kommt. Der Höhenunterschied beträgt hierbei etwa 60 Meter. Ein etwas längerer Spaziergang wäre es, wenn man wie beschrieben nach Kohlerstal wandert und dort nach rechts dem Schild zur »Ruine Waldeck« folgt. Man kommt in diesem Fall zu »Geigerles Lotterbett« und geht wie beschrieben zur Ruine. Der Höhenunterschied beträgt etwa 100 Meter; man müsste etwa 1 bis 1½ Stunden Gehzeit einkalkulieren.

Schießscharte in der Ummauerung der Ruine Waldeck

Ruine Albeck

Sulz am Neckar – Ruine Albeck – Sigmarswangen – Sulz

Die Ruine Albeck thront über Sulz am Neckar. Eingebettet ist sie in ein interessantes Naturschutzgebiet, das wir zu Beginn der Wanderung von oben, am Schluss von unten betrachten können.

- **Ausgangspunkt:**
  Sulz am Neckar.

- **Wegverlauf:**
  Wenn man von der Autobahn kommt, geht kurz vor dem Sulzer Ortsanfang die Weilerstraße ab. Wir fahren am Freibad vorbei bis zum *Wanderparkplatz* am Ende der Straße, wo wir uns bereits am Fuß des Burghügels befinden. Nun folgen wir dem Wanderzeichen rotes Kreuz, das uns im Zickzack hoch zur *Ruine* bringt.

Der Berg, auf dem die **Ruine Albeck** (549 m) steht, ist altes Siedlungsgebiet. Man fand hier Scherben aus der Bronzezeit. Der Berg wurde um 380 von den Alamannen befestigt, deren alte Befestigung um 910 von Graf Alwig I. wiedererrichtet wurde. Die erstmalige Erwähnung war 1095 als Sitz der Grafen von Sulz. In der zweiten Hälfte des 13. Jahrhunderts gelangte sie an Walter von Geroldseck/Diersburg (bei Lahr), der um 1250 eine Sulzer Gräfin geheiratet hatte. Unter sei-

Der mächtige Palas der Ruine Albeck steht inmitten der Anlage und besitzt gotische Fenster.

nem Nachkommen Walter spaltete sich 1277 eine Sulzer Linie von dem Geschlecht ab. Als Kaiser Rudolf 1284 die Burg Waldeck belagerte, verlieh er an Heinrich I. von Hohengeroldseck die Stadtrechte für Sulz.

Die jetzige Anlage wurde Ende des 13. Jahrhunderts von einem Geroldsecker Baumeister errichtet. 1383 wurde der erste Teilungsvertrag der Geroldsecker abgeschlossen. Die Burg ist um 1420 erstmals als Albeck genannt worden. Damals wurde sie mit großem Aufgebot von den Grafen von Württemberg monatelang belagert, hielt aber wie 1469 stand, als Graf Eberhard im Bart mit 4000 Mann und 400 Reitern vor ihren Toren stand. 1493 gelangte die Herrschaft an Herzog Ulrich. Als er 1519 vertrieben wurde, übernahm Gangolf von Geroldseck wieder für 15 Jahre die Herrschaft, musste sie jedoch nach des Herzogs Rückkehr wieder aufgeben. 1634 erlosch dann das Geschlecht der Geroldsecker.

1625 bis 1629 kam die Burg wieder als kaiserliches Lehen in den Besitz der ursprünglichen Herrschaft, der Herren von Sulz: Graf Karl Ludwig Ernst von Sulz ließ sich die Herrschaft 1625 vom Kaiser schenken, musste sie dann aber wieder hergeben. Im Dreißigjährigen Krieg wurde die Burg einige Male von bayerischen Truppen besetzt. Auch der Kommandant Konrad Widerholt vom württembergischen Hohentwiel besetzte auf einer seiner Streifpartien gegen Ende des Dreißigjährigen Krieges zweimal mehrere Wochen lang die Burg. 1644/48 und 1678 führten die Bauern der Umgebung umfangreiche Erneuerungsmaßnahmen aus. Nachdem die letzten bayerischen Besatzungstruppen abgezogen waren, wurde die Burg 1649 feierlich an Württemberg übergeben.

Am 30. Dezember 1688 wurde die Burg von einem französischen Heer vollständig durch Feuer und Sprengung zerstört. 1710 bis 1723 übergab Herzog Eberhard Ludwig die Ruine und den Hof Burgösch (heute Geroldseck) als Afterlehen an Oberhofmarschall Graf von Gräfenitz. Nach einem Stadtbrand 1794 wurde die Anlage als Steinbruch verwendet, trotzdem wohnte noch bis 1807 ein Hochwächter hier.

Die erste Anlage stammte aus dem 11. Jahrhundert, die heutige von etwa 1250. Sie war vermutlich mit einer Schildmauer gesichert und besaß wahrscheinlich keinen Bergfried. Die äußere Mauer um die fast quadratische Innenburg wurde in der Zeit unter den Grafen von Sulz erbaut. Der mächtige, einst dreieinhalbstöckige Palas stand turmartig inmitten der Gesamtanlage und besitzt gotische, korb- und flachbogige Fenster. Er diente wohl auch der Verteidigung, denn seine Mauern sind bis zu zweieinhalb Meter mächtig und somit stärker als die Umfassungsmauer. Der Palas ist mit spitzbogigen Fenstern, Konsolen für Balkendecken und Wandbehänge und Sitzbänken an den Fenstern ausgestattet. Außerdem sieht man Reste offener Kamine und eines Aborts in der Mauer. Weiter erhalten sind noch der Vorhof, die Hinterburg und Teile der Ummauerung. Das Tor zwischen dem Hof der Kernburg und dem Vorhof stammt von 1370. Die mittlerweile verwitterte Tafel über dem mittleren Portal trägt das Wappen des Konrad von Geroldseck (gen. 1379–1414) und seiner Frau Anna von Urslingen.

Nach der Besichtigung wandern wir unterhalb der Anlage mit dem roten Kreuz weiter. Es geht erst etwas bergab und dort, wo hinter der Burg der breite Weg nach rechts in den Wald zieht, auf einem Steig im Zickzack hinauf. Hier haben wir auch herrliche Blicke auf das *Naturschutzgebiet*.

Oben wandern wir auf einem schmalen *Bergrücken* weiter. Schließlich geht der Pfad in einen breiteren Forstweg über. Bald werden wir nach links verwiesen, kurz darauf knickt der Weg nach rechts ab. Hier sehen wir links des Weges vier mächtige *Mammutbäume*. Nach wenigen Minuten knickt der markierte Wanderweg wieder nach rechts ab, wir gehen aber nach links zum Waldrand und dort nach rechts weiter. Mit – bei guten Sichtverhältnissen – schönem Blick zur Schwäbischen Alb spazieren wir in ein paar Minuten zur nächsten Waldecke. Hier treffen wir wieder auf den markierten Weg, dem wir weiter nach links folgen. Wir biegen an einem *Gedenkkreuz* nach links ab, kommen an der *Schleenhütte* vorbei, verlassen bald den Wald und spazieren nach links nach *Sigmarswangen*.

Jetzt gehen wir durch den Ort bis zur nach links abzweigenden Weilertalstraße und folgen ihr zum Friedhof nach dem Ort. Dann wandern wir auf dem asphaltierten Sträßchen hoch in den Wald und danach zwischen Feldern und mit schöner Aussicht in Richtung der Feldscheune. Nach ihr geht es links hinunter – nach rechts führt eine schöne Baumallee zur *Domäne Geroldseck*. Wir wandern nun auf breitem Weg hinunter zum *Ausgangspunkt*.

Da die Tour kurz war, kann man anschließend noch den Rest des römischen *Kastells* aufsuchen. Hierzu fährt man oberhalb von Sulz in Richtung Autobahn nach rechts in den Stadtteil Kastell und biegt gleich darauf nach rechts in die Plettenbergstraße ein. Hier führt nach rechts ein Fußweg weiter. Man sieht noch in einem Pavillon einen ausgegrabenen Keller, rechts davon einen rekonstruierten Brunnen. Beides stammt wohl aus der zweiten Hälfte des 2. Jahrhunderts und war Teil einer römischen Zivilsiedlung, die zu dem in Sulz liegenden Kastell gehörte. Anfang und Ende des 2. Jahrhunderts wurde die Siedlung von einem Brand zerstört.

Rundbogige Fenster im Inneren der Ruine Albeck

Sitznischen in der Wand sind typisch für mächtige Burganlagen.

- **Länge:**
  Etwa 8 ½ Kilometer, Abkürzung möglich.

- **Zeit:**
  Etwa 2 ½ Stunden.

- **Höhenunterschied:**
  Etwa 220 Meter.

- **Empfohlene Karte:**
  Freizeitkarte 504 Freudenstadt, Landesvermessungsamt Baden-Württemberg.

- **Einkehrmöglichkeiten:**
  Sulz am Neckar.

- **Sonstiges:**
  Die Wanderung verläuft auf Pfaden, Forstwegen und Sträßchen. Anschließend kann man das Freibad am Ausgangspunkt aufsuchen.

- **Kurzzugang:**
  Vom Parkplatz zur Ruine benötigt man gut zehn Minuten. Der Höhenunterschied beträgt etwa 110 Meter.

Ruine Zimmern

Talhausen – Ruine Zimmern – Herrenzimmern – Bösingen – Epfendorf – Talhausen

Eine äußerst eindrucksvolle Anlage ist die Ruine Zimmern im Landkreis Rottweil, die an das bekannte Geschlecht der Herren von Zimmern erinnert. Wir wandern vom Neckartal auf die Höhe, dort zwischen Feldern und mit schöner Sicht zur Westalb in ein wildes Waldtälchen. Dann geht es durchs Tal des jungen Neckars zurück.

- **Ausgangspunkt:**
  Epfendorf-Talhausen.

- **Wegverlauf:**
  Wo von der B 14 in *Talhausen* der Burgweg abgeht, finden wir eine Parkgelegenheit. Dann folgen wir dem Burgweg mit dem Zeichen blauer Strich ortsauswärts. Nach ein paar Minuten zieht der breite Weg nach links. Wir gehen hier zwischen den beiden Bächen auf einem schmäleren Weg weiter, der gleich darauf nach links abknickt und uns hoch zur *Ruine Zimmern* bringt. Gleich zu Anfang stoßen wir auf die Burgkapelle.

1030 wurden die hochadeligen Herren von Zimmern erstmals erwähnt, die später öfter in Urkunden auftauchten. Die Brüder Albrecht, Friedrich und Conrad waren Teilnehmer am ersten Kreuzzug (1096–1099). Werner trat 1113 als Zeuge bei der Gründung des Schwarzwälder Klosters Sankt Peter in Erscheinung. Conrad war 1237 bis 1255 Abt des Klosters Reichenau, Rudolf 1275 Domherr in Straßburg. Werner der Ältere (1289–1384) erwarb 1319 und 1354 die Herrschaft Meßkirch. Ende des 14. bis Anfang des 15. Jahrhunderts kauften die Herren von Zimmern in mehreren Schritten die Burg Wildenstein im Donautal und das Albstädtchen Hayingen.

Was selten in Adelskreisen war: Einige Familienangehörige besuchten die Universität und gelangten in einflussreiche Stellungen in Österreich, Württemberg, Baden und anderen Fürstentümern. Beispielsweise war Werner der Jüngere (1423–1483) kaiserlicher Rat in Innsbruck, Wilhelm Werner (1485 bis 1575) zwanzig Jahre lang Hofrichter in Rottweil, später Assessor, Rat und Kammerrichter in Speyer, der 1516 geborene Johann war Domdekan in Straßburg. 1538 wurde das Geschlecht mit den Brüdern Gottfried

Werner, Wilhelm Werner und Johann Werner in den Grafenstand erhoben. Berühmt geworden ist auch Froben Christoph (1519–1566), der Sohn des Johann Werner, der die berühmte Zimmersche Chronik verfasste. Sie ist nicht nur eine sehr lebendig geschriebene Chronik des Geschlechts, sondern auch eine äußerst ergiebige geschichtliche Quelle. Der 1524 geborene Gottfried Christoph war Domherr in Konstanz. Froben Christophs Sohn Wilhelm (1549–1594) verstarb schließlich ohne männliche Nachkommen.

Hier liegen die Reste ihrer Stammburg, die heutige **Ruine Zimmern/Herrenzimmern** (etwa 600 m). Die Burg wurde ab 1050 vermutlich als Nachfolge einer älteren, heute verschwundenen Anlage am westlichen Ortsrand erbaut. Nach einem Brand 1501 – dabei fiel auch die wertvolle Sammlung des Burgherrn den Flammen zum Opfer– wurde sie 1513 wieder aufgebaut. Trotzdem blieben noch Teile der alten Anlage erhalten. Sie wurde im 19. Jahrhundert abgebrochen.

Die äußere Mauer an der Spitze des Bergsporns wurde als vierstöckige Bastion mit Schießscharten gestaltet und ist noch fragmentarisch erhalten. Zudem umschließt eine fast quadratische Mauer den inneren Burgbereich. In der lang gestreckten unteren Burg lagen die Wirtschafts-

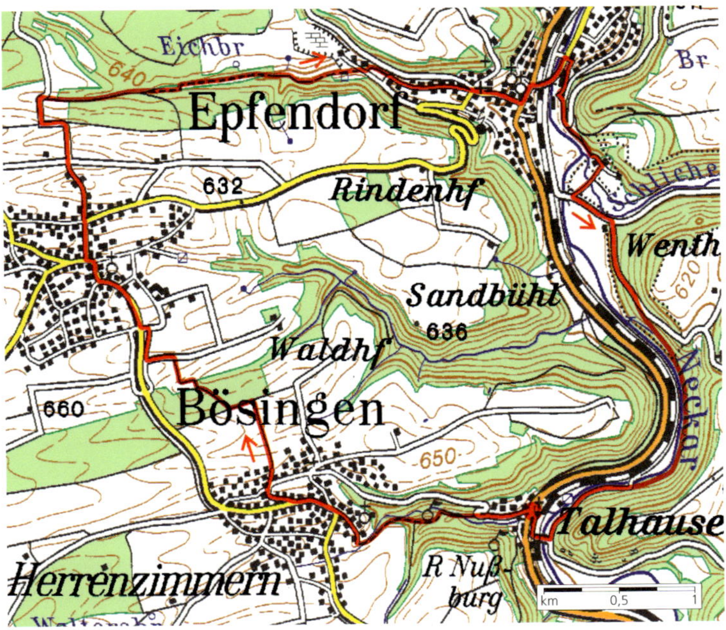

Die Burg Zimmern war Sitz der weit verzweigten Herren von Zimmern; von Froben Christoph stammt die berühmte Zimmersche Chronik.

gebäude und ein von Graf Wilhelm Werner angelegter Garten.

Der Wanderer trifft von Talhausen kommend zuerst auf die Burgkapelle. Sie wurde von Graf Wilhelm Werner (1485–1575) mit vielen Reliquien ausgestattet, die er vom Kurfürsten von Mainz, Erzbischof Albrecht von Brandenburg, erhalten hat. Außerdem bestimmte er, dass sein Herz unter der ersten Stufe des Altars begraben werden solle, »damit ihm der Priester, so die Messe halte, stetig in celebrando auf dem Herzen stände«. Er führte ein bescheidenes Gelehrtenleben, betete viel und kleidete sich einfach. Im Laufe seines langen Lebens (90 Jahre!) hat er eine große Bibliothek und eine reich ausgestattete Kunst- und Wunderkammer zusammengetragen. Über seine Nahrungsgewohnheiten wurde geschrieben: »wann er Sauerkraut oder Kompott, eine kalte Milch oder rohe Rüben gegessen, welche ihm dann ein besonders gutes Essen zu sein schien, hat er kein Wein, sondern frisch kalt Wasser in großen Mengen dazu getrunken. Auch auf den Abend hat er wenig gegessen und in seinem Haus zum Nachtmahl selten Wein getrunken, sondern sich mit einem Trank, von Schlehen und Wacholdern gemacht, beholfen. Dadurch ist zu glauben, daß er ein solch gesundes und geruhiges Alter erreicht.«

Vom mächtigen Herrenhaus sind noch drei Seiten mit drei Stockwerken und ein Teil des runden Treppenturms erhalten. Früher soll es ein weit ausladendes Fachwerkgeschoss besessen haben. Östlich davon liegen zertrümmerte Vorbefestigungen mit einem starken Rundturm. Der Burggraben musste in den Fels gehauen werden. Die hölzerne Brücke konnte man bei Gefahr abwerfen. Über sie verlief die Wasserversorgung der Burg, eine Wasserleitung aus Teucheln (Deicheln), was es sonst bei keiner Burg gab. Allerdings barg dies auch Gefahren, denn die Stadtbürger von Herrenzimmern sollen ihren Herren bei Streitigkeiten auch schon mal das Wasser »abgestellt« haben.

Hinter dem Hauptbau der Ruine nehmen wir den auf der rechten Seite bergauf führenden Rotkreuzweg. Er zieht bald darauf nach links und bringt uns nach *Herrenzimmern*. Wir gehen im Ort geradeaus hoch zur Kirchstraße und auf ihr nach links zum *Dorfplatz* und zur Durchgangsstraße. Hier biegen wir nach rechts in die Graf-Werner-Straße ein. Es geht leicht bergab zu einem *Brunnen.* Wie am Brunnen zu lesen ist, steht in der bekannten Zimmerschen Chronik, dass hier Graf Werner von Zimmern 1289 nach einer hochsommerlichen Hirschjagd vom eiskalten Wasser getrunken habe und daraufhin am nächsten Tag gestorben sei.

Nach dem Brunnen bleiben wir auf der nach rechts ziehenden Graf-Werner-Straße. Gleich darauf an dem *Kruzifix* biegen wir nach links ab in die Straße Hochheim, der wir geradeaus aus dem Ort hinaus folgen. Wir kommen auf einen Höhenrücken, der uns eine prächtige Rundumsicht bietet; insbesondere die Westalb mit dem Plettenberg ist gut zu sehen.

Wir halten uns links, treffen bald auf den Rotkreuzweg und biegen mit ihm kurz darauf nach rechts in den Wald ab. Das Waldstück durchqueren wir und orientieren uns nach ihm links, dann rechts. Nach dem Wiesenweg kommen wir zu einem festen Feldweg, der uns nach links zur Straße bringt. Auf ihr gehen wir nach rechts nach *Bösingen*. Wir folgen der Durchgangsstraße bis zum Dorfplatz nach einem Linksknick, danach biegen wir nach rechts in die Epfendorfer Straße ein. An ihrem Rechtsknick nehmen wir die links abzweigende Harzwaldstraße, auf der wir den Ort verlassen. Vorbei an einigen Höfen kommen wir zu einem *Feldkreuz* am Waldrand. Wir halten uns links, gleich wieder rechts und kurz danach in dem Taleinschnitt mit dem Zeichen roter Punkt rechts. Nun geht es durch ein Waldtal, das mit vielen bemoosten Bäumen bald einen recht wilden Eindruck macht.

Hut ab vor dem König?

Die Herren von Zimmern waren sehr auf ihre alte Würde bedacht. So wird erzählt, dass eines Tages im Jahr 1414 König Sigismund vom Konstanzer Konzil heimreiste und den Grafen von Werdenberg in Sigmaringen besuchen wollte. Dabei kam er auch über Meßkirch. Dort hatte sich Graf Johann so nahe beim Tor eine Bank aufstellen lassen, dass der König an ihr vorbei musste. Der König kam auch und wunderte sich sehr über den Mann auf der Bank, der keine Anstalten machte, ihn zu ehren oder gar den Hut abzunehmen. Da er vermutete, dass dies einen Grund habe, ließ er den Mann zu sich kommen. Der Graf kam, begrüßte den König achtungsvoll und zog seinen Hut. Er erklärte, »daß solches nit zur Verachtung oder Verkleinerung seiner Majestät geschehen wäre, er hätte damit nur kund tun wollen, daß er ein freier Herr und weder an seine Majestät noch an sonst jemanden mit Pflichten oder Lehen gebunden wäre. Auch habe er Briefe und Urkunden darüber, die schon von früheren Kaisern aus Gnade und Verdiensten ohne alle Verpflichtungen gegeben und verliehen worden wären.« Der König bot angeblich dem Grafen seine Gunst an, aber dieser verzichtete untertänigst.

Nun geht es weiter bis vor ein *Kieswerk*. Vor ihm halten wir uns erst rechts, nach ihm und dem Wasserwerk links. Wir spazieren links der Häuser hinab ins Zentrum von *Epfendorf*. Hier biegen wir nach links ab und gehen nach der Kirche auf der Straße nach rechts über die Brücke in Richtung »Harthausen«. Nach ihr biegen wir nach rechts ab (»Gewerbegebiet Öschle«), dann gleich noch einmal nach rechts in die Neckarstraße. Etwas später nehmen wir die nach links abzweigende Neue Steige, biegen aber gleich darauf am Kruzifix nach rechts ab, nun ohne Zeichen. Wo die Straße nach links zieht, wandern wir geradeaus weiter. Nach einiger Zeit hoch über dem Neckartal steigen wir auf einem schmalen Weg nach rechts hinab in Richtung »Sportheim«. Unten am Haus spazieren wir auf dem Zufahrtssträßchen in Richtung Bundesstraße und biegen nach dem Bach nach links zum *Sportplatz* ab.

Nach dem Sportplatz halten wir uns mit dem roten Kreuz rechts. Das Sträßchen steigt etwas an, dann zweigt der Wanderweg nach rechts auf einen Forstweg ab. Ihm folgen wir mit Auf und Ab und gehen später auf einem asphaltierten Sträßchen, bis wir den Neckar nach rechts nach *Talhausen* überqueren können.

Wehrhafte Mauer der Ruine Zimmern

- **Länge:**
  Etwa 11 ½ Kilometer.

- **Zeit:**
  Etwa 3 ½ Stunden.

- **Höhenunterschied:**
  Etwa 300 Meter.

- **Empfohlene Karte:**
  Freizeitkarte 504 Freudenstadt, Landesvermessungsamt Baden-Württemberg.

- **Einkehrmöglichkeiten:**
  In den Orten unterwegs.

- **Grillmöglichkeit:**
  Bei der Ruine.

- **Sonstiges:**
  Die Wanderung verläuft auf Feld- und Forstwegen, Pfaden und Sträßchen. Bauernmuseum Pfarrscheuer in Bösingen.

- **Kurzzugang:**
  Vom beschriebenen Ausgangspunkt zur Ruine benötigt man etwa eine Viertelstunde, der Höhenunterschied beträgt rund 100 Meter. Geringfügig kürzer ist es, wenn man in Herrenzimmern startet. Man kann entweder bei der Kirche parken oder, wenn man den Schlossweg hinunterfährt, am Friedhof. Wer will, fährt sogar an Haus 14 links vorbei zum Ortsende. Das Zeichen, dem man bis zur Ruine folgt, ist das rote Kreuz. Der Höhenunterschied beträgt bei diesem Zugang etwa 50 Meter.

Ruine Neckarburg

Parkplatz – Ruine Neckarburg – Parkplatz

Die Ruine Neckarburg liegt in überaus idyllischer Lage im Tal des Neckars an einer Flussschleife und in Nachbarschaft zum Bergle, einem Umlaufberg des Neckars, der heute von einer schönen Wacholderheide bewachsen ist. Die Wanderung ist kindgerecht ziemlich kurz, sodass man die Ruine in aller Ruhe besichtigen kann. Auch eine Rast am Wasser bei der gedeckten Holzbrücke wird immer gerne angenommen. Wer den Tag hier am Wasser ausklingen lassen will, startet am besten auf dem Wanderparkplatz vor dem Hofgut.

- **Ausgangspunkt:**
  Rottweil.

- **Wegverlauf:**
  Den Parkplatz finden wir, wenn wir von der Autobahn in Richtung

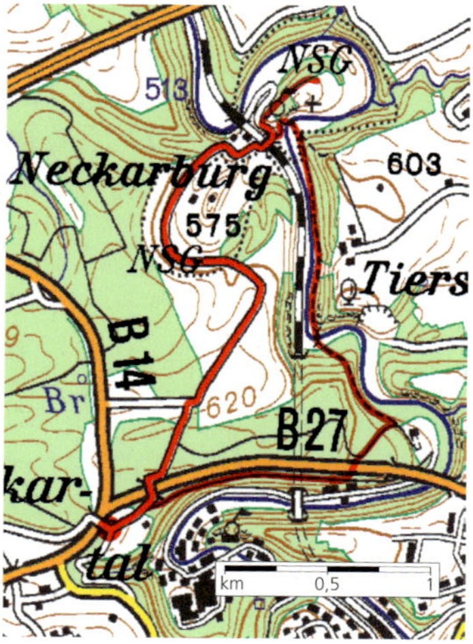

Rottweil fahren, dann in Richtung Tübingen beziehungsweise Oberndorf nach links auf die B 14/B 27 abbiegen und uns gleich darauf rechts in Richtung Stadtmitte von Rottweil halten. Kurz danach zweigt nach links ein Sträßchen ab, das mit dem Wanderzeichen rotes Kreuz in Richtung »Neckarburg« zieht. Nach einer Rechtskurve liegen hinter dem Wäldchen rechts des Sträßchens *Kleingärten;* hier finden wir Parkgelegenheiten. Wir folgen dann dem Sträßchen bis zum Fahrverbotsschild (aus dieser Richtung kommen wir am Schluss zurück), biegen nach links ab, überqueren die B 27 und spazieren bis zum nächsten querenden Sträßchen. Wir halten uns auf dem Sträßchen rechts, es geht über eine weite Fläche mit guter Aussicht, unter anderem zur mächtigen Autobahnbrücke. In weitem Linksbogen gelangen wir hinab ins Neckartal. Vom Weg aus haben wir einen bemerkenswerten Blick hinab ins Tal und zum Bergle.

Nach dem *Wanderparkplatz* und vor dem *Hofgut Neckarburg* geht es nach rechts, und wir überqueren die Bahnlinie. Auf dem Rückweg biegen wir hier gleich nach rechts ab, überqueren den Fluss auf der gedeckten *Holzbrücke,* die der Schwäbische Albverein 1951 errichtet hat, und halten uns dahinter mit dem roten Kreuz rechts.

Zuerst gehen wir aber hoch zur Ruine, die auf einem weiteren Umlaufberg liegt. Hierzu zweigen wir nicht zur Holzbrücke ab, sondern nehmen nach dem Abzweig den nach rechts hinaufführenden Wiesenweg, der uns in wenigen Minuten zu der *Ruine* bringt. Wenn wir hinter ihr weitergehen, kommen wir zu der Wiese, auf der die *Michaelskapelle* steht.

Die malerische **Ruine Neckarburg** (575 m) liegt auf einem Umlaufberg des Neckars inmitten eines Naturschutzgebiets. Sie wurde als eine der ersten Burgen des Landes 793 als Nehhepurc in einer Urkunde des Klosters Sankt Gallen erwähnt; Besitzer war ein Graf

Die Ruine Neckarburg liegt einsam auf einem Umlaufberg des Neckars.

Von der Ruine Neckarburg sind nur noch einzelne, hohe Mauerteile übrig.

Berthold. Um 900 diente sie als Verbannungsort für die Mönche des Klosters. Vom 11. bis zum 13. Jahrhundert nannten sich die Besitzer »von Neckarburg«. 1275 wurde eine Pfarrkirche mit einem eigenen Geistlichen erwähnt; 1280 ist eine Adelsfamilie von Neckarburg als Lehnsnehmer der Grafen von Sulz genannt worden.

Auch die Grafen von Hohenberg, von Neuneck und von Rüti (Reutte) waren Lehnsnehmer. Die von Neuneck erheirateten 1361 auch den Anteil der von Rüti. 1369 wurde die Burg geteilt, dann gehörte die hintere Burg den Herren von Rüti als Lehen der Grafen von Hohenberg und die vordere den Herren von Neuneck. Außerdem hatten ab 1375 die Grafen von Württemberg das Öffnungsrecht. 1381 kaufte Herzog Leopold III. von Österreich die Vordere Burg von Graf Rudolf III. von Hohenberg. Ein Jahr später wurde sie aber bereits als Burgstall genannt.

Die Grafen von Sulz kauften 1411 die Anlage, 1437 diente sie dem Hofrichter Graf Johann II. von Sulz als Wohnsitz. 1589 beim Übergang an Johann Spretter von Kreidenstein wurde sie als nicht mehr bewohnbar genannt, nun aber zu einem Schloss ausgebaut. Im 16. Jahrhundert haben Bürgerliche die Anlage gekauft. 1663 bis 1673 und 1691 gehörte sie den Rottweiler Jesuiten, und Anfang des 18. Jahrhunderts kam sie zusammen mit dem Hofgut an die Villinger Benediktinermönche. Nach 1743 entstand die Einsiedelei.

Der Zugang zu der eindrucksvollen Ruine erfolgt über einen breiten Burgweg. Zur Vorderen Burg überqueren wir einen Halsgraben; wenn wir dann weitergehen zur Hinteren Burg beziehungsweise zur Michaelskapelle, folgen zwei weitere Gräben. Es sind große und hohe Teile des Mauerwerks erhalten, man sieht Balkenlöcher, an denen man die frühere Stockwerkszahl – wohl vier – ersehen kann, und Rundbogenfenster. Die Teile stammen von einem Neubau aus dem späten Mittelalter mit Ecktürmen und angebauter Wendeltreppe. Von den hinteren Bauten ist nicht mehr viel erhalten.

Hinter der Burg befand sich ein Weiler, der aber im 15. Jahrhundert abging; er wurde 1412 letztmals genannt. Von diesem Weiler stammt die Michaelskapelle. Sie wurde 1275 erstmals erwähnt, ist aber wahrscheinlich noch älter. 1769 wurde sie vom Kloster Sankt Georgen umgebaut.

Nach der Besichtigung gehen wir zurück und überqueren den Neckar auf der gedeckten Holzbrücke, dahinter halten wir uns rechts. Nun geht es erst parallel zum Fluss, den wir nach etwa einem Kilometer erneut überqueren. Danach führt uns das Wanderzeichen hinauf. Wir unterqueren die B 27 und biegen hinter der Bundesstraße nach rechts ab auf den breiten Forstweg, der

Hinter der Ruine Neckarburg steht die kleine Michaelskapelle.

uns zurück zum Ausgangspunkt bringt.

- **Länge:**
  Etwa 7 Kilometer.

- **Zeit:**
  Etwa 2 ½ Stunden.

- **Höhenunterschied:**
  Etwa 100 Meter.

- **Empfohlene Karte:**
  Freizeitkarte 504 Freudenstadt, Landesvermessungsamt Baden-Württemberg.

- **Sonstiges:**
  Die Wanderung verläuft zur Hälfte auf einem Sträßchen, zur anderen Hälfte auf Pfaden.

- **Kurzzugang:**
  Wenn man auf der B 14 in Richtung Oberndorf fährt, zweigt kurz hinter dem Kreisverkehr nach rechts ein Sträßchen in Richtung »Neckarburg« ab. Auf ihm kann man bis zum Parkplatz vor dem Hofgut fahren. Von hier aus ist man in rund zehn Minuten zu der Ruine aufgestiegen. Der Höhenunterschied beträgt etwa zwanzig Meter.

Ruine Falkenstein

Neidingen – Mühlefels – Schaufelsen – Ruine Falkenstein – Thiergarten – Neumühle – Neidingen

Zu den schönsten Ruinen im Tal der Oberen Donau zählt die Ruine Falkenstein. Sie erreichen wir auf einer Wanderung, die auch sonst viele Höhepunkte aufweist. Zum einen haben wir von den Felsen unterwegs immer wieder einen schönen Blick hinunter ins Tal, zum anderen verläuft der Rückweg direkt im Donautal.

- **Ausgangspunkt:**
  Beuron-Neidingen.

- **Wegverlauf:**
  Den Wanderparkplatz finden wir direkt an der Straße auf der Ortsseite. Wir wandern auf dem mit der roten Raute bezeichneten Weg geradeaus nach *Neidingen* hinein und durch den Ort hindurch. Am Ortsende sehen wir das Schild »Schloss Hausen durch den Fall«. Mit *Fall* ist das wilde Tal mit den beeindruckenden Felsen gemeint,

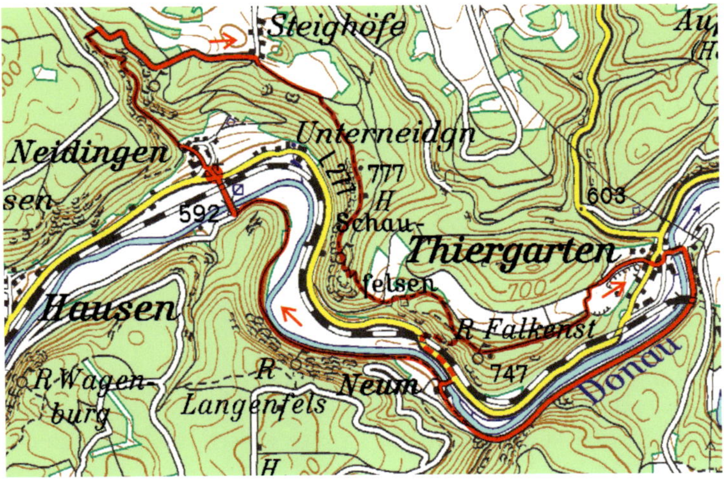

Die Ruine Falkenstein geht möglicherweise auf das 10. Jahrhundert zurück.

Nun kommen wir zu einem senkrecht aufragenden und den Talschluss markierenden Felsen. Ihn überwinden wir auf einem abenteuerlich an den Felsen montierten Steg. Dahinter wird es wieder etwas flacher, und bald zweigt von unserem Weg nach rechts ein mit rotem Dreieck markierter Steig ab (Richtung »Schaufelsen«). Auf schmalem Pfad steigen wir kurz an und treffen dann auf einen breiten Forstweg, dem wir nach rechts folgen. In leichtem Auf und Ab kommen wir zu den links des Weges liegenden *Steighöfen;* etwas dahinter weist nach rechts ein Schild zum *Mühlefelsen.* Diesen Aussichtspunkt sollten wir

in welches wir jetzt hineinkommen. Wir wandern in den Wald, der von hohen Felsen umgebene Pfad steigt an, nach einem steileren Stück wird es jedoch flacher.

unbedingt aufsuchen. Kurze Zeit später zweigt von unserem Weg nach rechts ein Pfad zum *Schaufelsen* ab, hinter dem wir zum Platz der *Ruine Schauenburg* gelangen.

Von der **Ruine Schauenburg** (etwa 770 m) ist nicht mehr viel übrig. 1270 wurde ein Ritter Gotwinus de Schowenberc genannt. Die Inhaber waren vermutlich Dienstmannen der Grafen von Hohenberg. 1430 ist die Burg vom Grafen von Sigmaringen zerstört worden. 1497 wurde der Burgstall Schowenburg als Besitz der Herren von Hausen genannt.

Danach geht es in Serpentinen steil abwärts. Schließlich kommen wir aus dem Wald heraus und spazieren ein Stück an dessen Rand – links sehen wir Wiesen – entlang. Dann überqueren wir einen breiteren Weg, hinter dem es wieder zwischen Wald und Wiese weitergeht. Am zweiten Strommasten (Nr. 27) knickt unser Wanderweg nach rechts in den Wald hinein ab. Der Pfad zieht jetzt wieder etwas aufwärts bis hoch zum Trauf. Dort geht nach rechts ein mit roter Raute bezeichneter Weg nach »Neumühle« ab. Wir steigen, wieder in Serpentinen, abwärts und passieren dabei zwei Felswände, an welchen man manchmal Kletterer beobachten kann. Hier führt ein Abzweig hoch zur *Ruine Falkenstein.*

Die **Ruine Falkenstein** (747 m) besteht eigentlich aus zwei Anlagen, die aber nicht voneinander abhängig waren. Während der Obere Falkenstein die vermutlich ältere Burg ist und auf einem frei stehenden Felsen liegt, befand sich der Untere Falkenstein dreißig Meter unterhalb auf einem unzugänglichen Felsen. Er ist heute nur noch von Kletterern zu erreichen.

Nach der Chronik der Herren von Zimmern wurde sie im 10. Jahrhundert erbaut. Grabungsfunde deuten allerdings eher auf die Zeit um 1200. Der erste sich nach der Burg nennende Ritter wurde 1213 genannt; in den Urkunden des Klosters Salem tauchten die Falkensteiner um 1255 auf. Die letzten des Geschlechts trugen den Beinamen »Hasenbein«. Nach verschiedenen Besitzern wurde die Anlage 1516 von Gottfried Werner von Zimmern, dem auch die Herrschaft Meßkirch gehörte, um 4880 Gulden gekauft. Ihm gehörte auch die Burg Wildenstein, und so residierte er nach Belieben auf einer der beiden Anlagen. Er baute die Burg in den nächsten Jahren aus, obwohl auf Grund der Entwicklung der Waffentechnik die Zeit der Burgen als Wehrbauten eigentlich vorbei war.

Bereits vor dem Erwerb durch Gottfried Werner von Zimmern stand auf der Burg angeblich der mächtige Turm, dessen 2,70 Meter dicke Grundmauern heute noch zu sehen sind. In der Zimmerschen Chronik steht darüber: »Es hatte bei der Kapellen einen hohen Turm, der war so hoch, dass man über alle Wälder bis gar nahend gen Mengen sehen konnte … und wie noch von den Alten mehrmals gehört, so war derselbig Turm, wenn ein starker ›Luft‹ ging, dermaßen zu bewegen, dass ein Schüssel Wasser unverschütt

Bereits 1631 soll Falkenstein schon unbewohnbar gewesen sein.

nit bleiben möchte. Denselben ließ Gottfried von Zimmern abbrechen von mehrer Sicherheit wegen.« Außerdem ließ Gottfried vom »Meister von Meßkirch« für die Burgkapelle ein Altarbild, den Falkensteiner Altar, malen. Das Werk kam später nach Donaueschingen.

1525 nach dem Bauernkrieg wurde die Burg von Gottfried Werner seinem Bruder Johann Werner gegeben. Auch er ließ bauen und den Felsen und »das schloß … behawen und abschrotten« und die »faulen mauren an vil orten, bevorab in ecken« durchbrechen. Sein Sohn Froben Christoph befürchtete gar, dass die Burg in wenigen Jahren ob solcher Bautätigkeit ein Burgstall werden könnte und schrieb in der Chronik: »Es lassen sich die felsen nit zwingen, sonderlichen in unserer landtsart, dann sie selten ganz und ohne gleß.« Froben Christoph als Nachfolger hatte kein großes Interesse an der Anlage. Er verschloss sie und ließ sie nur ab und zu von einem Verwalter kontrollieren. Nach dem Aussterben der Herren von Zimmern 1594 gelangte die Burg an die Grafen von Helfenstein-Wiesensteig und ab 1627 an das Haus Fürstenberg. Bereits im Jahr 1631 soll sie aber unbewohnbar gewesen sein.

Die Kernburg mit ihrem schiffsförmigen Aussehen ist etwa vierzig Meter lang und liegt auf einem rund zwanzig Meter hohen Felssockel. Bei Ausgrabungen 1979/80 hat man Innenräume, die Zisterne und den Aufgang ausgegraben.

Nun müssen wir uns entscheiden. Wer will, kann jetzt schon ins Tal absteigen und zurückgehen. Hierzu geht es in steilem Zickzack abwärts zur Bahnlinie, dort kurz nach rechts bis zur Straße und auf dieser einige Minuten wieder nach links, bis eine Brücke über die Donau zur *Neumühle* führt. Rechts von den Gebäuden nehmen wir den befestigten Weg, der uns in weiten Kurven zur Brücke bringt, die nach *Neidingen* über den Fluss führt.

Wer will, kann jedoch noch weiter wandern. Hierzu folgt man hinter der Ruine Falkenstein dem Wanderzeichen weiter, nun geht es bergab. Wir biegen nach einiger Zeit nach links ab, verlassen den Wald, halten uns am gegenüberliegenden Waldrand nach rechts und kommen nach *Thiergarten*. Hier überqueren wir Straße und Donau und spazieren auf der anderen Seite des Flusses mit dem roten Dreiblock nach rechts zurück, zuerst nach *Neumühle,* dann weiter nach *Neidingen*.

■ **Länge:**
Wenn man nur zur Ruine geht und dann nach Neumühle absteigt, etwa 7 Kilometer. Lange Tour etwa 10 Kilometer.

■ **Zeit:**
Kurze Tour etwa 3 Stunden, lange etwa 4 Stunden.

■ **Höhenunterschied:**
Etwa 250 Meter.

■ **Empfohlene Karte:**
Freizeitkarte 526 Sigmaringen, Landesvermessungsamt Baden-Württemberg.

■ **Einkehrmöglichkeiten:**
Neumühle, Thiergarten.

■ **Sonstiges:**
Man wandert auf Pfaden, zum Teil auf Schotterwegen und auf dem Rückweg durchs Donautal auf befestigtem – und auch von Radfahrern genutztem – Weg. In der Umgebung der Felsen befinden sich Steilabstürze, die nicht alle gesichert sind.

■ **Kurzzugang:**
Man steigt von Neumühle aus in wenigen Minuten hoch zur Ruine.

Burg Hohenzollern

Boll – Burg Hohenzollern – Mariazell – Friedrichstal

Diese Wanderung ist relativ kurz. So bleibt genügend Zeit für eine Besichtigung der Bilderbuch-Burg Hohenzollern mit ihren interessanten Exponaten und um die prächtigen Fernblicke, die man von hier oben hat, zu genießen.

- **Ausgangspunkt:** Hechingen-Boll.

- **Wegverlauf:**
Man kann entweder vom (gebührenpflichtigen) Parkplatz vor der Burg starten oder auch in Boll; von hier aus ist die Tour beschrieben. Ein weiterer möglicher Ausgangspunkt ist die Wallfahrtskirche Mariazell, von der aus man nach Boll hinabspaziert. In *Boll* findet man einen Parkplatz, wenn man sich vor der Kirche links hält und dann, dem Schild zur »Wallfahrtskirche« folgend, gleich darauf an der Skulptur nach rechts in die Eichgasse abbiegt. Vor der Ortschaftsverwaltung findet man einige Parkplätze, ebenso, wenn man weiterfährt, nach der Eichgasse in die Junginger Straße, und sich am Ortsende rechts hält bis zu einem Spielplatz mit Parkgelegenheiten.

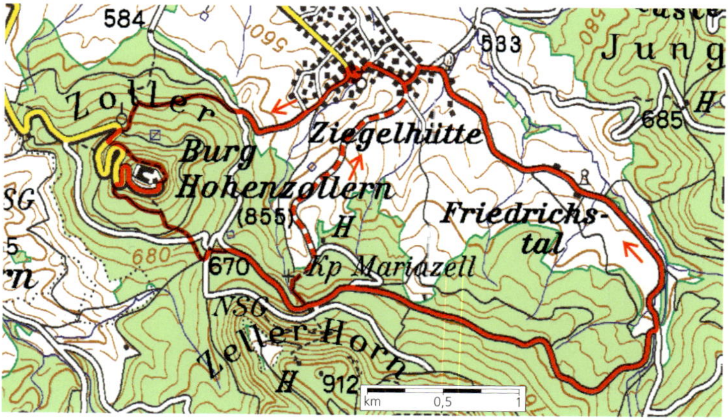

Zu den berühmtesten Anlagen des Landes gehört die Burg Hohenzollern.

Die Burg Hohenzollern mit ihren bauhistorischen Reminiszenzen ist ein typisches Produkt des Historismus.

Die Wanderung beginnt man dann bei der *Kirche*, das Wanderzeichen ist das blaue Dreieck. Man geht erst etwas zurück in Richtung Hechingen, biegt aber gleich darauf nach links in die Zollerbergstraße ein. Immer ansteigend verlassen wir den Ort, halten uns bei den letzten Häusern an der Verzweigung rechts und gehen hoch zum Waldrand. Nun spazieren wir kurz nach rechts bis zu einer Verzweigung bei einer kleinen Scheune. Hier verlaufen mehrere Wege. Wir gehen nach links und wandern hinter dem querenden Waldweg mit der blauen Raute mäßig ansteigend nach rechts weiter, bis einige Minuten später vom Forstweg ein Pfad rechtwinklig nach links abgeht. Steil und teilweise auf Stufen steigen wir nun hinauf bis zu einem *Parkplatz* und zum Zufahrtssträßchen der *Burg*. Wir halten uns links, gleich wird auch schon der Fußweg zur Burg angezeigt. Wie man sieht, kann man sich aber auch mit dem Bus vollends hochfahren lassen.

Die **Burg Hohenzollern** (855 m) auf dem vor der Alb liegenden, Zoller genannten Berg wurde vermutlich in der ersten Hälfte des 11. Jahrhunderts von den 1061 erstmals genannten Grafen von Zollern erbaut. Ein Ausbau fand wahrscheinlich im nächsten Jahrhundert statt. Urkundlich tauchte sie 1267 erstmals als »das vesteste Haus in teutschen Landen« und als »die Krone aller Burgen in Schwaben« auf.

Die Herrschaft der Zollerngrafen kam im 12. Jahrhundert teilweise an die mit ihnen verwandten Grafen von Hohenberg. Die Zollern gelangten durch Heirat an die Burggrafschaft Nürnberg. Anfang des 13. Jahrhunderts jedoch teilten sich die Söhne des ersten Nürnberger Burggrafen Friedrich I. ihren Besitz.

Während Konrad in Nürnberg blieb und damit der Stammvater der späteren preußischen Könige und deutschen Kaiser wurde, kam der schwäbische Besitz mit der Zollernburg an Friedrich IV.

Trotz ihrer Stärke wurde die Burg nach zehnmonatiger Belagerung 1423 von 18 schwäbischen Reichsstädten und den Württembergern erobert und zerstört. König Sigmund verbot den Wiederaufbau »für ewige Zeiten«. Eitelfriedrich versuchte es zwar 1430 doch, wurde aber von den Reichsstädten daran gehindert. Erst 1454 durfte sein Sohn Graf Jos Niclas I. von Zollern den Grundstein für den nächsten, 1461 vollendeten Bau legen, nachdem einer seiner Verwandten, nämlich Markgraf Albrecht Achilles von Brandenburg, von Kaiser Friedrich III. hierfür die Erlaubnis bewirkt hatte.

Die Grafen verlegten später ihren Hof sukzessive nach Hechingen, und 1576 wurde die Burg als Regierungssitz ganz aufgegeben. Anfang des 17. Jahrhunderts wurde sie zu einer als uneinnehmbar geltenden Festung ausgebaut, um eine Eroberung im Dreißigjährigen Krieg unmöglich zu machen. Den Württembergern gelang die Eroberung aber doch, nachdem sie die Besatzung in einer neunmonatigen Belagerung ausgehungert hatten. Sie mussten sie nach der verlorenen Schlacht bei Nördlingen 1634 aber wieder aufgeben. In diesem Krieg wechselten die Besatzer mehrfach, auch den Österreichern und den Franzosen gehörte die Anlage zeitweise, und sie verfiel allmählich.

Dieser traurige Zustand dauerte bis 1819, als der preußische Kronprinz die Burg seiner Ahnen besuchte und tief beeindruckt war. Nachdem er 1840 als Friedrich Wilhelm IV. den preußischen Königsthron bestiegen hatte, nahm er seinen damals gefassten Plan wieder in Angriff. 1846 wurde ein Vertrag zwischen den preußischen Zollernkönigen und den hohenzollerischen Fürstenhäusern über den Wiederaufbau geschlossen. Die Grundsteinlegung war 1850, der Bau der heute noch bestehenden dritten Burg war 1867 beendet.

Diese dritte Anlage besteht aus zwei Bereichen, der Festungsanlage und den auf den Grundmauern der zweiten Burg aufgesetzten Burggebäuden, dem Hochschloss. Baumeister der Festungswerke war Oberst von Prittwitz, der auch am Bau der Bundesfestung Ulm beteiligt war. Ein Neubau ist die evangelische Kirche. Bei der Besichtigung geht man spiralenförmig vom Adlertor in vier Windungen zum 25 Meter höher liegenden Burghof, wobei man den Torbau, den man unten durchschritten hat, in der nächsten Windung überschreitet. Auf der Höhe der Bastionen kommt man über eine Zugbrücke durch den Wehrturm hindurch in den Burghof mit dem neugotischen Hochschloss.

Man sollte einen Rundgang um die Basteien unternehmen, denn von hier aus hat man einen herrlichen Blick auf die Schwäbische Alb und ihr Vorland.

Nach der Burgbesichtigung spazieren wir auf dem Sträßchen abwärts, bis beim Schild »Pumpe 3« nach links ein mit dem roten Strich markierter Waldweg nach »Mariazell« abgeht. Am Querweg kurz darauf halten wir uns links. Es geht nun auf einem Pfad immer bergab und, drei Waldwege überquerend, kommen wir zur Kreuzung bei der so genannten *Hexenlinde* (Waldabteilung 20 Schießstand). Weiter dem roten Strich folgend biegen wir nach links ab. Nach rund hundert Metern geht es nach rechts und wir treffen gleich darauf auf einen Forstweg, dem wir weiter folgen. Wo wir nach einiger Zeit ein Gebäude im Wald stehen sehen, kann man nach links hinab zur Wallfahrtskirche Mariazell gehen, kehrt aber anschließend wieder hierher zurück. Man kann aber auch die Tour abkürzen, indem man auf dem Zufahrtssträßchen zurück nach Boll spaziert.

Kurz hinter dem Gebäude teilt sich der Weg (Waldabteilung 28 Steig); wir nehmen den linken, eben verlaufenden Teil. An der Verzweigung kurz darauf nach der Rechtskurve bleiben wir rechts. Es geht nun ein Stück relativ eben durch den Wald, bis der Forstweg eine Linkskurve beschreibt und neben dem Weiherbach, der weiter talabwärts Reichenbach genannt wird, hinunter ins Tal zieht. Der Rückweg verläuft zwar auf einem asphaltierten Sträßchen, ist aber landschaftlich angesichts des Wiesentälchens mit dem sich schlängelnden Bach, den Wiesen und den Gehölzgruppen recht reizvoll. Beim *Hof Friedrichstal* sehen wir rechts einen Obelisken stehen. Wie wir lesen können, ist er noch übrig von einem Jagdschloss der hohenzollerischen Fürsten aus dem 19. Jahrhundert.

- **Länge:**
  Etwa 12 Kilometer.

- **Zeit:**
  Etwa 3 Stunden.

- **Höhenunterschied:**
  Etwa 360 Meter.

- **Empfohlene Karte:**
  Freizeitkarte 523 Tübingen – Reutlingen, Landesvermessungsamt Baden-Württemberg.

- **Einkehrmöglichkeit:**
  Burggaststätte.

- **Sonstiges**
  Die Tour verläuft sowohl auf befestigten Wegen als auch auf Naturpfaden. Folgende Öffnungszeiten gelten für die Wallfahrtskirche: von Mai bis Oktober an Sonn- und Feiertagen von 12 bis 17 Uhr.

- **Kurzzugang:**
  Man kann unterhalb der Burg Hohenzollern parken und sich sogar mit dem Bus hochfahren lassen, wenn man nicht gehen will.

Schloss Lichtenstein

Unterhausen – Sättele – Nebelhöhle – Lichtenstein – Unterhausen

Württembergs »Märchenschloss« Lichtenstein ist natürlich Pflicht für jeden Burgen-, Ruinen- und Schlösserfreund. Es entstand zwar erst im vorletzten Jahrhundert, weist zusammen mit seiner Vorgängerburg aber doch eine reiche Vergangenheit auf. Auch eine Besichtigung der Inneneinrichtung lohnt sich.

- **Ausgangspunkt:**
  Lichtenstein-Unterhausen.

- **Wegverlauf:**

Am südlichen Ende von *Unterhausen* finden wir um die evangelische Erlöserkirche Parkmöglichkeiten. Dann gehen wir auf die andere Seite der Bundesstraße und folgen dort mit dem Zeichen blaue Raute der Nebelhöhlestraße. Wir verlassen den Ort und erreichen eine Verzweigung. Wer die Tour etwas abkürzen will, geht mit dem blauen Dreieck in Richtung Nebelhöhle geradeaus weiter. Eine kurze Erweiterung führt uns mit der blauen Raute nach rechts in Richtung »Sättele«. Wir kommen nach den Baumwiesen in den Wald und zweigen hier mit dem Zeichen vom breiten Weg nach rechts auf einen Pfad ab. Nun steigt es an, und ein paar Mal einen Weg überquerend erreichen wir das *Hintere Sättele* (721 m). Wer will, kann hier nach rechts den etwa einen Kilometer (einfache Strecke) langen Abstecher zum *Aussichtsturm* auf dem Schönberg, der so genannten Gefrorenen Unterhose, machen.

Ansonsten orientieren wir uns mit dem blauen Dreieck nach links in Richtung »Nebelhöhle«. Bald darauf verlassen wir den Wald und befinden uns nun auf dem *Won*. Wir biegen mit dem Zeichen roter Strich nach links ab und spazieren über die freie Wiesenfläche und vorbei an markanten Weidbäumen zum nächsten Waldrand. Wo nach links der mit der blauen Gabel markierte Weg hinab nach Unterhausen führt, gehen wir mit unserem Zeichen geradeaus weiter. Wir kommen in den Wald und biegen kurz darauf an einem Querweg nach rechts zu den bereits sichtbaren Gebäuden bei der *Nebelhöhle* ab.

Wir folgen an den Gebäuden, vom Herweg aus gesehen, dem mit dem roten Dreieck markierten Weg nach links in Richtung »Lichten-

Schloss Lichtenstein ist das berühmteste schwäbische »Märchenschloss«.

stein«. Gleich darauf überqueren wir den Parkplatz und spazieren danach auf bequemem Weg bis zu einem asphaltierten Sträßchen, wo die *Kalkofenhütte* steht. Hier biegen wir mit dem Zeichen rote Gabel nach rechts ab. Wir folgen diesem Sträßchen bis zu einem Links-rechts-Knick. Ab hier geht es noch kurz im Wald weiter aufwärts bis zum Restaurant beim *Schloss Lichtenstein.* Das Schloss steht weiter rechts; danach können wir durch den Park zur *Geologischen Pyramide* und zum *Hauffdenkmal* gehen. Etwas tiefer erreichen wir vom Denkmal aus auch die *Ruine »Alt-Lichtenstein«.*

Das württembergische »Märchenschloss« **Lichtenstein** (813 m) – von den Bauformen her eigentlich eher eine Burg – ist auch eine der merkwürdigsten literarischen Besonderheiten des Landes. Die Stelle, an der die spärlichen Ruinen der Vorgängerburg standen, wurde nämlich bekannt durch den 1826 erschienenen Roman »Lichtenstein« von Wilhelm Hauff. Das Schloss war aber nicht das reale Vorbild für das Bauwerk in der Geschichte von der Vertreibung des ungeliebten Herzogs Ulrich, der sich vor seinen Verfolgern angeblich auch in der Nebelhöhle versteckt haben soll, es wurde nämlich erst 1840/42 im Stil des Historismus erbaut. So provozierte der Roman hier den Bau eines Schlosses – etwas, was in Deutschland wohl nicht allzu häufig vorgekommen sein dürfte! Nur in Schottland soll es Schlösser geben, die nach den Vorlagen der historischen Romane von Walter Scott – dem Vorbild Hauffs – errichtet wurden.

Eine erste Burg anstelle des heutigen Schlosses entstand in der Zeit zwischen 1100 und 1150 durch die Herren von Lichtenstein. 1310 im Reichskrieg gegen Graf Eberhard I. wurde die Burg von der Reichsstadt Reutlingen ein erstes Mal zerstört, aber wieder aufgebaut, 1377 noch einmal. 1389 kam sie im Vergleich mit den Städten als »verfallen Gut« an Württemberg. Lehnsnehmer waren die Herren von Lichtenstein. Während das »Alte« Lichtenstein nach 1311 als Ruine liegen blieb, wurde diese Burg ab 1394 von den Württembergern neu erbaut. Nun saß hier ein Burgvogt. Die fast uneinnehmbare Burg wurde immer wieder belagert, auch im Bauernkrieg, jedoch nie erobert. Ab 1567 brachte Herzog Christoph im Rahmen seiner Forstreform hier das

Im Inneren von Schloss Lichtenstein findet man eine interessante Ausstellung mit Exponaten aus alter Ritterzeit.

Forstamt unter; im Laufe der Zeit verfiel das Gebäude aber.

1802 ließ König Friedrich von Württemberg einen Teil der baufälligen Burg abbrechen und ein einfaches Fachwerkschlösschen erstellen. Die Anlage wurde nun fürstliches Jagdhaus und Sitz eines Revierförsters. 1837 erwarb Herzog Wilhelm von Urach, Graf von Württemberg, den Besitz von seinem Vetter, dem König von Württemberg, und ließ ab 1840 das heutige Schloss erbauen. Bezahlt wurde es vor allem aus dem Vermögen seiner Frau. 1842 wurde es in Anwesenheit von König Wilhelm eingeweiht.

Zur Anlage gehören das ausgelagerte Forsthaus und das von dem seinerzeit berühmten Architekten Karl Alexander Heideloff erbaute Schloss. Nach den Voranlagen gelangt man über eine Schwungrutenbrücke über den inneren Graben zum Haupttor. Der Eingang zum Vorwerk ist mit zwei eckigen Wachtürmchen geschützt. Im inneren Schlosshof findet man zinnengekrönte Mauern, Rondelle und Wachtürme. In den Räumlichkeiten des Schlosses besichtigt man zuerst die Waffenhalle mit den Ritterrüstungen, Hellebarden und Schwertern, danach die neugotische Schlosskapelle, die mit sehenswerten Glasmalereien geschmückt ist. Bemerkenswert ist der große Altarflügel mit dem Marientod (um 1450), geschaffen vom »Meister von Lichtenstein«. Die Trinkstube wurde in den ehemaligen Stallungen eingerichtet.

Über den runden Turm erreicht man das Obergeschoss mit den Prunkräumen Königszimmer (Ahnensaal), Wappenzimmer und Erkerzimmer. Im Königszimmer befindet sich ein Spiegel mit einem Einschussloch, das von einem Granatbeschuss aus dem Zweiten Weltkrieg stammt. Angeblich traf das Geschoss zuerst die Mauer im Garten, prallte ab und flog durchs Fenster gegen den Kachelofen, prallte dort nochmals ab und traf schließlich den Spiegel. Im Wappenzimmer sieht man vier Malachitgegenstände, die Zar Alexander II. von Russland dem Burgherrn geschenkt hat. Im Erkerzimmer steht ein großes mittelalterliches Näh»kästchen«. Von diesem Zimmer aus hat man auch einen schönen Blick aus dem Fenster. Ein berühmtes Ausstattungsstück ist das Bild des Armbrustschützen im Treppenhaus, der immer auf den Betrachter zu zielen scheint, egal, in welchem Winkel er zu ihm steht.

Etwas tiefer und in geringer Entfernung liegen die Reste der **Burg »Alt-Lichtenstein«** (720 m). Man erreicht sie an der Geologischen Pyramide und am Hauffdenkmal

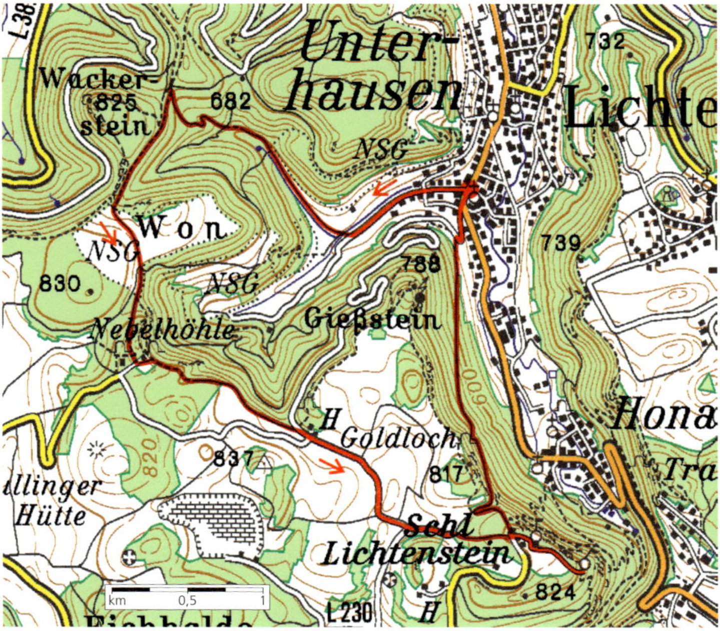

Bilder erinnern an alte Recken.

vorbeigehend. Sie war der Stammsitz der 1182 erstmals genannten Herren von Lichtenstein. Die Burg wurde erstmals 1311 im Reichskrieg von den Reutlingern zerstört, 1377 im Städtekrieg dann endgültig. Im Vergleich von 1389 erhielten die Württemberger die Burg als »offenes Haus und Lehen, als verfallen Gut« zurück.

Wir gehen dann zurück zum Restaurant und folgen hier dem nach »Unterhausen« weisenden Zeichen rotes Dreieck. Es geht einige Minuten bergab bis zu einer Lichtung, wo wir mit dem blauen Dreieck nach rechts abbiegen. Wir kommen kurz durch einen von Felsen gebildeten Hohlweg, danach geht es immer bergab. Kurz vor dem Ort überqueren wir eine Straße, wo es geradeaus weitergeht, und gelangen in wenigen Minuten hinab nach *Unterhausen*.

- **Länge:**
  Etwa 10 ½ Kilometer.

- **Zeit:**
  Etwa 3 ½ Stunden.

- **Höhenunterschied:**
  Etwa 400 Meter.

- **Empfohlene Karte:**
  Freizeitkarte 523 Tübingen – Reutlingen, Landesvermessungsamt Baden-Württemberg.

- **Einkehrmöglichkeiten:**
  Unterhausen, Kalkofenhütte, Schloss Lichtenstein.

- **Sonstiges:**
  Die Wanderung verläuft auf Forstwegen und Sträßchen. Der Anstieg zum Sättele erfolgt auf einem Pfad.

- **Kurzzugang:**
  Vor der Anlage liegt ein (gebührenpflichtiger) Parkplatz.

Burgenreiches Lautertal

Bichishausen – Ruine Bichishausen – Burg Niedergundelfingen – Wittsteig – Ruine Hohengundelfingen – Bichishausen

Das Lautertal besitzt wohl die höchste Burgendichte auf der Schwäbischen Alb. Bei dieser Wanderung besuchen wir drei der zahlreichen mehr oder weniger gut erhaltenen Anlagen. Eine ist allerdings noch bewohnt und kann nicht besichtigt werden.

- **Ausgangspunkt:**
  Münsingen-Bichishausen.

- **Wegverlauf:**
  An der Umgehungsstraße von *Bichishausen* finden wir einen Parkplatz. Wir gehen von ihm etwas nach Norden und biegen nach links in die Fürstenbergstraße ein. Im Ort zweigen wir nach rechts ab in die Ehestetter Straße und steigen in wenigen Minuten hoch zur *Ruine Bichishausen.*

Die Spornburg, aus der die heutige **Burgruine Bichishausen** (etwa 640 m) hervorging, gehörte erst den Grafen von Achalm, ab dem 13. Jahrhundert den in der Gegend begüterten Gundelfingern. Nachdem verschiedene andere Besitzer ihr Geschick bestimmt hatten, begann ab etwa 1550 der Verfall der Burg. Im oberen Hof der Ruine liegen der ehemalige Palas und der aus sauber behauenen Buckelquadern erbaute Bergfried. Hier trafen bis 1806 drei Herrschaften zusammen, was man an dem in den württembergischen und fürstenbergischen

Die Ruine Bichishausen gehörte einst den im Lautertal begüterten Gundelfingern.

Danach kehren wir wieder zurück und spazieren in der Fürstenbergstraße weiter zur *Kirche,* halten uns vor ihr links und an ihr rechts. Nun wandern wir mit dem Zeichen roter Strich neben der Lauter bis *Gundelfingen*. Wo unser Weg auf die Straße trifft, orientieren wir uns rechts. Vielleicht gehen wir aber zuerst hoch zur *Burg Niedergundelfingen*. Man kann diese heute noch bewohnte Anlage allerdings nur von außen besichtigen.

Farben gestrichenen Wartehäuschen am Dorfrand erkennt. Während der Ort selbst den Fürsten von Fürstenberg gehörte, waren die Württemberger Besitzer des nördlich gelegenen Hundersingen, und das südlich liegende Gundelfingen gehörte zur Reichsritterschaft.

In der **Burg Niedergundelfingen** (653 m) begann vermutlich die Entwicklung des hochadeligen Geschlechtes der Gundelfinger, der maßgeblichen Familie in dem an Burgen nicht gerade armen Lautertal. Das bereits 1105 in einer Schenkungsurkunde an das Kloster Sankt Blasien genannte Geschlecht konnte sich ein kleines Territorium aufbauen. Sie hörten oft – fast dreißig Mal – auf den Namen Swigger. Mitte des 13. Jahrhunderts gründeten sie sogar eine Stadt: das mit einem regelmäßigen Grundriss angelegte

Hayingen. Nach ihrem Aussterben kam der Besitz an die Grafen von Helfenstein, danach an die Fürsten von Fürstenberg.

Das im Tal auf einem etwa vierzig Meter hohen Umlaufberg liegende Niedergundelfingen wurde Mitte des 13. Jahrhunderts neu erbaut und war bis Anfang des 19. Jahrhunderts bewohnt; danach verfiel es. Das heutige Wohngebäude wurde später neu errichtet. Um die Anlage verläuft die Ummauerung in etwa ihrer ursprünglichen Höhe von rund zwölf Metern, davor ist eine Kapelle zu sehen.

Zurückgekehrt ins Dorf folgen wir der Matthias-Erzberger-Straße. Gleich darauf sollten wir rechts die kleine, künstlerisch interessante Antoniuskapelle beachten. Wir spazieren durch *Gundelfingen* und danach durch das *Lautertal* bis Wittsteig. Nun umrunden wir den Umlaufberg, auf dem die Burg Niedergundelfingen liegt. Dabei haben wir sowohl zur Burg wie auch zur Ruine Hohengundelfingen eine prächtige Sicht. In *Wittsteig* gehen wir zur Landstraße, biegen nach links ab und halten uns gegenüber des Gasthauses, nach Gebäude Nr. 13, rechts. Nun geht es steil hoch zur *Ruine Hohengundelfingen.*

Das etwa 130 Meter über dem Lautertal auf einem Bergsporn thronende **Hohengundelfingen** (etwa 730 m) wurde ab etwa 1180, vielleicht allerdings auch schon im 11. Jahrhundert, erbaut. Die Burg war bis ins 16. Jahrhundert bewohnt und verfiel dann. An der höchsten Stelle steht der heute als Aussichtsturm genutzte Bergfried. Der jetzt rund elf Meter hohe, früher wesentlich höhere Turm (man liest von bis zu 35 Metern) wurde um 1250 aus riesigen Buckelquadern mit einer Kantenlänge von bis zu eineinhalb Metern gemauert. Seine Grundfläche beträgt etwa achteinhalb mal acht Meter. Unten sind die Mauern fast drei Meter, oben etwa einen Meter mächtig. Die Blöcke besitzen exakt geschlagene Kanten. Es wurde immer wieder bezweifelt, dass einheimische Steinmetzen zu einer solchen Leistung fähig gewesen seien, und man hat norditalienische Baumeister als Ausführende vermutet. Darunter umschließen gut erhaltene Mauern den Zwinger, im Süden hat man einige der Felstürme in die Verteidigungsanlage mit eingebunden. Zur Bergseite schützt ein rund acht Meter tiefer Burggraben die Anlage.

Danach folgen wir dem mit dem gelben Dreieck markierten Weg weiter bis zu einem *Parkplatz* und zu dem nach Dürrenstetten führenden Sträßchen. Hier biegen wir nach links ab, gleich darauf am Waldrand halten wir uns aber mit dem gelben Dreieck rechts. Immer bergab gehend kommen wir zurück nach *Bichishausen*.

- **Länge:**
  Etwa 6 Kilometer.

Die Ruine Hohengundelfingen steht hoch über dem Lautertal.

- **Zeit:**
  Etwa 2–3 Stunden.

- **Höhenunterschied:**
  Etwa 130 Meter.

- **Empfohlene Karte:**
  Freizeitkarte 524 Bad Urach, Landesvermessungsamt Baden-Württemberg.

- **Einkehrmöglichkeiten:**
  Bichishausen, Gundelfingen, Wittsteig.

- **Sonstiges:**
  Die Wanderung verläuft auf festen Wegen und Pfaden. Burgmuseum in Gundelfingen.

- **Kurzzugang:**
  Die Ruine Bichishausen liegt direkt über dem Ort. Zur Ruine Hohengundelfingen zweigt man von der von Gundelfingen nach Dürrenstetten führenden Straße bei einem Feldkreuz nach rechts ab zu einem Parkplatz. Von ihm aus ist die Ruine in wenigen Minuten zu erreichen.

Ruine Hohenneuffen

Parkplatz – Kniebrech – Burrenhof – Wilhelmsfels – Ruine Hohenneuffen – Parkplatz

Ein Besuch dieser größten Ruine der Schwäbischen Alb ist ein Muss. Man hat unterwegs nicht nur immer wieder eine schöne Aussicht zum Hohenneuffen, auch von der Anlage aus bietet sich uns ein herrlicher Blick ins Tal und auf den Albtrauf. Mit dem Heidengraben ist überdies noch eine weitere Attraktion für historisch interessierte Wanderer geboten.

- **Ausgangspunkt:**

Parkplatz westlich vom Burrenhof.

- **Wegverlauf:**

Den Ausgangspunkt erreicht man, wenn man von Neuffen aus auf die Albhochfläche fährt. Er liegt gleich rechts, wenn man auf der Höhe den Wald verlässt. Die Tour kann man auch an anderen Punkten beginnen, außer am hier beschriebenen Parkplatz noch am Burrenhof oder unterhalb der Ruine.

Wir nehmen den vom Parkplatz nach Westen führenden Weg, der über Felder und Baumwiesen zum Wald führt. Danach geht es mit dem roten Dreieck ein kurzes Stück durch den Wald, bis wir in den nach links abzweigenden Pfad in Richtung »Hülben« abbiegen, immer noch mit dem roten Dreieck. Wir überqueren eine Wiese und gehen dann am Waldrand entlang bis zum dahinter liegenden, quer verlaufenden Wald. In ihm halten wir uns links und spazieren, vorbei an den Gebäuden des *Segelflugplatzes,* bis zur Landstraße und auf dieser weiter zu einer querenden Landstraße.

Etwas nach links versetzt gehen wir auf der anderen Seite der Straße auf dem Weiler Weg weiter. Kurz vor dem Burrenhof sehen wir rechts ein Tor des ehemaligen *Heidengrabens.* An der Kreuzung nach dem Burrenhof gehen wir geradeaus weiter bis zu einem Wanderparkplatz, am besten links der Straße. Danach marschieren wir kurz rechts der Straße weiter, bis ein mit roter Raute markierter Weg nach links durch eine Schneise führt. Er bringt uns zu dem rechts des Wegs liegenden Waldstück Käsbaum. Wir biegen am Waldrand rechts ab, gleich darauf nach links und spazieren durch den Wald zur Landstraße.

Die Ruine Hohenneuffen ist die größte der Schwäbischen Alb.

Auf der anderen Straßenseite gehen wir mit dem Zeichen rotes Dreieck am Waldrand entlang geradeaus weiter, danach knickt der Weg am Trauf nach links ab. Wir kommen zu einem Drachenfliegerstartplatz mit Aussicht auf Beuren, danach zum *Wilhelmsfels,* der uns einen herrlichen Blick zum Hohenneuffen bietet. Nach dem Fels erreichen wir in wenigen Minuten den *Parkplatz* unterhalb des Hohenneuffens. Von hier aus gehen wir nach rechts hoch zur *Ruine,* die wir besichtigen, bevor wir wieder zurückkehren.

Die **Ruine Hohenneuffen** (743 m) liegt auf einem Bergsporn, den nur ein schmaler Sattel mit dem Albmassiv verbindet. Im 16. und 17. Jahrhundert wurde die Burg für eine römische Gründung gehalten. Sie ist »das älteste Denkmal deutscher geschichtlicher Größe«, wie bereits 1903 Autor Julius Wais den verdienten Landeskonservator Eduard Paulus zitierte, als man noch glaubte, dass die Anfänge des Baues auf den Ostgotenkönig Theoderich (Dietrich von Bern) zurückgingen. Sogar römische Kaiser wurden als Erbauer vermutet.

Als erster bekannter Adeliger saß der Schwiegersohn von Graf Egino von Urach, Graf Manegort (Mangold) von Sulmentingen, hier auf einer im 11. Jahrhundert oder um 1100 erbauten Burg. Später war sie Sitz der 1198 erstmals genannten Edelfreien von Neuffen. Berthold von Neuffen gehörte 1212 zu den Rittern, die den jungen Stauferkönig Friedrich II. aus Sizilien nach Deutschland begleiteten, er wurde noch in Italien zum königlichen Protonotar ernannt. Sein Sohn Heinrich wurde von Friedrich II. zeitweise zum Erzieher seines Sohnes Heinrich und zum Regenten von Schwaben ernannt. Heinrich hat auch 1230/32 die Stadt am Fuß des Burgbergs gegründet.

Auch der Minnesänger Gottfried von Neuffen (13. Jahrhundert) entstammte der Familie; er war der Sohn Heinrichs. Von ihm sind fast fünfzig Lieder in der berühmten Manessischen Liederhandschrift erhalten. Später befanden sich die Herren von Neuffen auf der falschen Seite, nämlich im Gefolge des abtrünnigen Kaisersohnes Heinrich, der dann seinem Vater unterlag. So eroberte Kaiser Friedrich II. 1235 die Burg, und Gottfried musste sie abtreten. Ende des 13. Jahrhunderts kaufte Konrad von Weinsberg, der Mann der Schwester von Berthold IV., dem letzten Herrn von Neuffen, die Burg ab. 1301 wurde sie von Graf Eberhard I. dem Erlauchten von Württemberg erworben. Er baute ihre Befestigungsanlagen aus, sodass sie mehrere Belagerungen überstand.

Überhaupt war der Hohenneuffen bis 1801 eine der stärksten Festungen des Landes. Weder 1312 im Reichskrieg noch 1525 im Bauernkrieg konnte er eingenommen werden. Nur 1519 ergab er sich als letzter Zufluchtsort Herzog Ulrichs

freiwillig dem Schwäbischen Bund, weil weiterer Widerstand doch nichts mehr genützt hätte. 1549 flog ein Teil der Festung in die Luft, als ein Blitz das Pulvermagazin traf. Im Dreißigjährigen Krieg kapitulierte sie 1635 trotz noch vorhandener Nahrungsmittelvorräte nach der Niederlage von Nördlingen 1634, nachdem sie 14 Monate lang belagert worden war. Zuvor hatten die Feinde versucht, die Festung mit einer unterirdischen Mine zu sprengen. 1639 gelangte sie dann wieder an Herzog Eberhard III.

Ab 1543 wurde sie von Herzog Ulrich, ab 1562 von seinem Sohn, Herzog Christoph, zu einer der fünf Landesfestungen ausgebaut. Weitere Baumaßnahmen stieß 1733 Herzog Karl Alexander an, der mit den Bastionen und Kasematten die Anlage den modernen Kriegserfordernissen anpassen wollte. Nach seinem Tod wurden die Bauarbeiten 1742 aber wieder eingestellt und der Verfall begann. 1793 meldete der Festungskommandant Herzog Ludwig Eugen, es sei »nichts Neues vorgefallen«, worauf der Herzog antwortete, er sei ja schon froh, dass nichts Altes eingefallen sei. 1796 wurde vom Landtag sogar offiziell beschlossen, nichts mehr in die Festung zu investieren. Das Ende kam 1801/02, als die Burg auf Befehl der Franzosen geschleift wurde. Später diente sie wie üblich auch als Steinbruch. Von der heutigen Ruine stammen nur die Ringmauern aus dem Mittelalter, die das Erscheinungsbild bestimmenden runden Geschütztürme entstanden aber im 16. Jahrhundert.

Vom 15. bis zum 18. Jahrhundert diente der Hohenneuffen auch als Staatsgefängis. Prominente Häftlinge waren beispielsweise Abt Georg Fischer von Zwiefalten 1512, welcher Herzog Ulrich kein Darlehen gewähren wollte, der zu Tode gefolterte Burgvogt Bälz von Neuffen, der ebenfalls unter Herzog Ulrich gefolterte und hingerichtete Landtagsführer Konrad Breuning (1517), der Geheime Rat Matthäus Enzlin (1609) und Joseph Süß Oppenheimer (1737), an dem das Volk so grausame Rache nahm, nachdem der verstorbene, ungeliebte Herzog nicht mehr belangt werden konnte. 1801 besiegelte ein Dekret die Aufgabe der Festung. Als letztes wichtiges »Großereignis« ist die Dreiländerkonferenz 1948 anzuführen, in welcher die Ministerpräsidenten der drei Nachkriegsländer die Weichen für den Zusammenschluss zu einem einheitlichen Südweststaat stellten.

Der Bau der Anlage erfolgte im Wesentlichen in vier Perioden, wobei die erste Burg auf dem höchsten Punkt des Berges stand. Im 14. und 15. Jahrhundert entstand im Zuge des Ausbaus zur Landesfestung beispielsweise die äußere, über drei Meter starke Ringmauer. Im 16. und 17. Jahrhundert erbaute man die riesigen Mauern und Erdwälle vor den Schildmauern. Als nach der Erfindung des Schießpulvers Geschütze verwendet wurden, hat man an den Ecken des äußeren Verteidigungsringes Türme errichtet. Vor der Hauptringmauer baute man mehrere Vorwerke. Auch im 18. Jahrhundert fanden noch einmal Baumaßnahmen statt. So wurde der einzige Zugang zur Festung von der Albhochfläche 1736 bis 1772 weitgehend abgetragen, sodass die Burg heute wie auf einem der Alb vorgelagerten Zeugenberg steht. In jener Zeit wurde auch der tunnelartige Durchgang unter der Friedrichsbastei geschaffen, durch den man zum Wachstubenturm vordringt. Ein weiteres mächtiges Bauwerk ist der Schwarze Turm, wo man die eigentliche Festung betritt. Von ihm aus kommt man auch zur äußeren Ringmauer im Westen, wo es steil nach Neuffen abfällt. Hinter dem Schwarzen Tor befindet sich hinter einer vergitterten Tür der Eingang zu den Kasematten. Der Palas stand am Platz der Gaststätte.

Nun wandern wir mit dem roten Dreieck am Trauf entlang nach Süden, jetzt auf dem Geologischen Pfad Metzingen-Neuffen. Nach einiger Zeit kann man nach rechts einen kurzen Abstecher von etwa

Die ehemalige Landesfestung Hohenneuffen ist von mächtigen Mauern geschützt.

Dieses prächtige württembergische Wappen ziert die Mauern der Ruine Hohenneuffen.

einem halben Kilometer zur Bauerlochhöhle machen. Rechts des Weges liegen einige Aussichtsfelsen, die einen schönen Blick zurück zum Hohenneuffen ermöglichen. Bald erreichen wir ein ehemaliges Maar. Kurz nach dem Maar sehen wir *Felsspalten.*

Immer dem Wanderzeichen entlang des stark zerklüfteten Albrands folgend kommen wir zu einem gut erhaltenen *Wall* des Heidengrabens, dann verlassen wir den Wald. Nun geht es mit freiem Blick nach rechts zu dem modernen Kunstwerk aus Metallröhren und weiter zum Ausgangspunkt.

- **Länge:**
  Etwa 11 ½ Kilometer.

- **Zeit:**
  Etwa 3 Stunden.

- **Höhenunterschied:**
  Etwa 170 Meter.

- **Empfohlene Karte:**
  Freizeitkarte 524 Bad Urach, Landesvermessungsamt Baden-Württemberg.

- **Einkehrmöglichkeiten:**
  Flugplatz, Burrenhof, Hohenneuffen.

- **Sonstiges:**
  Die Wanderung verläuft auf Forst- und Feldwegen sowie auf Pfaden.

- **Kurzzugang:**
  Vom Parkplatz unterhalb der Ruine ist man in wenigen Minuten bei der Anlage.

Ruine Hohenurach

Parkplatz Wasserfall – Uracher Wasserfall – Hochwiese – Ruine Hohenurach – Parkplatz

Diese Wanderung ist kindgerecht sehr kurz gehalten. Mit dem Uracher Wasserfall und der Ruine sind aber trotzdem zwei der schönsten Sehenswürdigkeiten der Schwäbischen Alb in der Tour enthalten. Die umfangreiche Ruine mit ihren noch erhaltenen Wachräumen und Kasematten bietet sich für Kinder zum Erkunden und Spielen an. Anschließend kann man den Tag in Bad Urach mit seinen vielen Fachwerkhäusern, im Museum im Uracher Schloss oder im Bad ausklingen lassen.

- **Ausgangspunkt:**
  Parkplatz Wasserfall.

- **Wegverlauf:**
  Wir folgen von den *Parkplätzen* aus dem nicht zu verfehlenden Weg zum *Uracher Wasserfall,* steigen auf dem Pfad entlang der Kaskaden hoch und kommen zur Hochwiese mit der Wasserfallhütte. Hier gehen wir mit dem Wanderzeichen rotes Dreieck weiter in Richtung »Hohenurach«. Kurz nach der Kreuzhütte kommen wir zu einer Kreuzung. Nach links geht es zurück ins Tal, geradeaus mit dem Zeichen roter Winkel hoch zur *Ruine Hohenurach.*

Hoch über Bad Urach, der ehemaligen Residenz des südlichen Teils Württembergs, liegt auf einem kegelförmigen Berg die Ruine der ehemaligen Burg und Landesfestung **Hohenurach** (692 m). Mit dem Bau der ersten Anlage wurde um 1025 unter den Grafen von Urach begonnen. Erstmals erwähnt wurde sie dann 1235 – es könnte aber auch die etwa gleichzeitig entstandene Talburg gemeint gewesen sein, die

Die Ruine Hohenurach ist zusammen mit dem Wasserfall ein beliebtes Ausflugsziel.

im Gebiet der jetzigen Stadt lag. Die Uracher waren mit den Grafen von Achalm verwandt und durch Heirat eine Weile im Besitz des Zähringererbes. Außerdem gehörten sie zu den Vorfahren der Fürstenberger. 1264 wurde die Anlage aus Geldnot an Graf Ulrich I. von Württemberg verkauft.

Graf Ludwig I., der auch das Residenzschloss errichtete, ließ die Burg dann ausbauen. Auch Graf Eberhard im Bart gab größere Anbauten in Auftrag. Er ließ hier ab 1490 seinen geisteskranken Vetter Heinrich von Mömpelgard gefangen halten. Dessen Frau, Eva von Salm, leistete ihm freiwillig Gesellschaft. 1534 bis 1562 ließ Heinrichs Sohn Herzog Ulrich die Burg zu einer der als uneinnehmbar geltenden Landesfestungen ausbauen; außerdem wurde sie als Gefängnis genutzt. Trotz des Ausbaus wurde sie im Schmalkaldischen Krieg 1547 stark beschädigt, von Ulrichs Sohn Christoph aber um 19 000 Gulden wieder instand gesetzt. Ulrichs und Christophs Baumaßnahmen im Stil der Renaissance prägen heute noch das Bild der Anlage. Herzog Eberhard III. ließ im 17. Jahrhundert an der Burg weiterbauen.

Im Dreißigjährigen Krieg hielt Ende 1634 auch tatsächlich eine

200 Mann starke Besatzung einem 3000 Mann zählenden Belagerungsheer stand. Die Besatzung wurde erst nach elf Monaten ausgehungert und gab auf; der Gegner gewährte freien Abzug. Die Bürger der Stadt, die unter den Kriegshandlungen schwer gelitten hatten, baten die Sieger, die Festung zu »sprengen und mit Feuer zu ruinieren«, um Ruhe zu haben. Allerdings umsonst. 1694 schlug dann der Blitz in den Pulverturm des Zwingers ein, der Schaden wurde repariert. Dem Wunsch nach Zerstörung der Festung kam dann Herzog Karl Eugen 1765 nach, als die Festung waffentechnisch überholt war. Teile der Anlage wurden kurz danach beim Bau des Jagdschlosses Grafeneck wieder verwendet, der Rest wurde als Steinbruch genutzt. Doch noch 1893 konnte ein Feuer den Ostflügel zerstören.

Ab dem 16. Jahrhundert diente die Festung über lange Zeit auch als Gefängnis, nicht nur für Verbrecher, wobei einer der ersten Gefangenen der erwähnte geisteskranke Graf Heinrich von Mömpelgard war. Weitere bedauernswerte Gefangene waren beispielsweise der Humanist Nikodemus Frischlin, der 1590 sieben Monate in einer winzigen Zelle gefangen gehalten wurde und dann bei einem Fluchtversuch ums Leben kam, der 1613 auf dem Uracher Marktplatz enthauptete Matthäus Enzlin, Kanzler von Herzog Friedrich I., die Geliebte von Herzog Eberhard Ludwig, die Gräfin von Grävenitz, und der Baumeister Frisoni, der am Bau des Schlosses in Ludwigsburg beteiligt war.

Mauerrest eines Hauses auf Hohenurach

Trotz des Verfalls ist Hohenurach noch eine der umfangreichsten Anlagen der Schwäbischen Alb. Man geht bei der Besichtigung an den Wachstuben vorbei und kommt zu einem ausgedehnten Vorhof. Von ihm aus führt ein langer, gewölbter Gang unter dem Wall hindurch zum

Von dem bekannten gotischen Fenster hat man einen prächtigen Blick auf Bad Urach.

Inneren Burghof, in dem auch die Zisterne liegt. Er war zu Festungszeiten von den wichtigsten Gebäuden umgeben, deren Grundrisse man noch im Osten und Norden erkennt. In Richtung der Stadt sieht man den Rest des gotischen Fensters.

Wir kehren nach der Besichtigung zurück zur Kreuzung und wandern auf dem Forstweg nach rechts abwärts ins Tal und dort auf bekanntem Weg nach rechts zurück zum *Parkplatz*.

- **Länge:**
  Etwa 6 Kilometer.

- **Zeit:**
  Etwa 2 Stunden.

- **Höhenunterschied:**
  Etwa 310 Meter.

- **Empfohlene Karte:**
  Freizeitkarte 524 Bad Urach, Landesvermessungsamt Baden-Württemberg.

- **Einkehrmöglichkeiten:**
  Parkplatz, Wasserfallhütte, Bad Urach.

- **Grillmöglichkeiten:**
  Ruine Hohenurach, Kreuzhütte.

- **Sonstiges:**
  Die Wanderung verläuft auf Forstwegen und Pfaden.

- **Kurzzugang:**
  Wenn man die schon von vornherein recht kurze Tour noch mehr verkürzen will, zweigt man, kurz bevor der durch die Wiesen mäandernde Bach auf den Fußweg trifft, nach links ab. Man steigt im Zickzack hoch zu der Kreuzung kurz vor der Kreuzhütte; hier führt der mit dem roten Winkel markierte Weg nach links zur Ruine. Höhenunterschied: etwa 250 m, Zeit: etwa 1 Stunde.

Ruine Teck

Bissingen – Sattelbogen – Gelber Fels – Ruine Teck – Hörnle – Bissingen

Die Ruine Teck ist eine ausgedehnte Anlage am Albtrauf. Von der ehemaligen Burg ist zwar nicht mehr allzu viel zu sehen, dafür hat man vom Turm aus eine herrliche Aussicht auf den Albtrauf und das Albvorland. Interessant ist, dass die Wiege des Schwäbischen Albvereins hier stand. Wer will, kann hier sogar übernachten.

- **Ausgangspunkt:**
  Bissingen an der Teck.

- **Wegverlauf:**
  Wir folgen in *Bisingen* an der Kirche und dem mit Arkaden geschmückten Rathaus der nach Süden führenden Straße. Wo die Vordere Straße nach links abzweigt, gehen wir geradeaus weiter (blaues Dreieck in Richtung »Sattelbogen«). Etwa einen Kilometer nach dem Ort zweigen wir vom Feldweg nach rechts ab. Weiter ansteigend kommen wir zum *Sattelbogen*. Wer will kann hier nach links einen Abstecher zur Ruine Rauber (s. S. 137) machen. Ansonsten geht es mit dem Zeichen rotes Dreieck nach rechts hinauf in Richtung »Gelber Fels/Teck«. An einem Holzpavillon halten wir uns links, weiter leicht ansteigend, und kommen zum *Gelben Fels* mit seiner weiten Aussicht. Schließlich biegen wir am Waldabteilungsschild »Flurstück 13/2 Sybillenhalde« erst rechts, dann nach links ab. In wenigen Minuten wandern wir hoch zur *Ruine Teck*.

Der Bergsporn, auf dem die **Ruine Teck** (775 m) liegt, war ein alter Siedlungsplatz, wie Funde auf dem

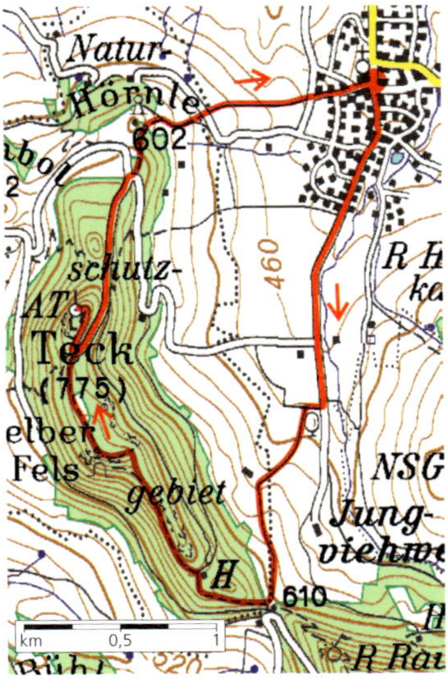

Auf Burg Teck lebten einst bedeutende Geschlechter.

Gipfel und am Westhang aus der Jungsteinzeit, Bronze- und Hallstattzeit sowie Grabhügel beweisen. Die vor oder um 1150 erbaute Burg Teck geht wahrscheinlich auf Herzog Konrad von Zähringen (1090–1152) zurück, dem nach den Welfen und Staufern einflussreichsten Fürsten in Süddeutschland. Die Gegend hier war das Kerngebiet der Zähringer, das nahe Weilheim ihr Hauskloster und ihre Grablege. Sie saßen zuerst auf der nahen Limburg, die ihre Bedeutung erst nach dem Bau der stärkeren Burg Teck verlor und im 13. Jahrhundert dann vollends zerstört wurde.

Die Burg wurde 1152 in einem Vertrag zwischen König Friedrich I. Barbarossa und den Zähringern erst-

mals erwähnt. Damals erhielten die Zähringer die Herrschaft über Burgund und die Provence. Dafür mussten sie dem Kaiser versprechen, unter anderem am geplanten Feldzug nach Italien mit je 500 gepanzerten Reitern und Bogenschützen teilzunehmen.

Ab 1187 nannte sich Adalbert von Zähringen, der die reichsunmittelbare Herrschaft Teck innehatte, Herzog von Teck. Unter ihm hatte die Burg ihre Glanzzeit, denn jetzt war sie Herrschafts- und Verwaltungsmittelpunkt der Familie, die nach dem Aussterben der Staufer die vornehmste und mächtigste des Landes war und die auch als einzige den Herzogstitel führen durfte. Ihre Macht ist auch dadurch dokumentiert, dass sie einen richtigen Ring von kleineren Burgen rund um die Teck – Sperberseck, Gutenberg, Diepoldsburg, Hahnenkamm, Wielandstein und andere – erbauen lassen konnte.

Die Zähringer konnten sich im Laufe der Zeit gegenüber den Württembergern und den Habsburgern in der Gegend aber nicht halten. Sie verarmten, zum Beispiel auch infolge von Teilungen und einem aufwändigen Lebenswandel mit einem Hof mit Künstlern, Gelehrten, Dienstmannen und Handwerkern, und mussten bereits Anfang des 14. Jahrhunderts Teile ihres Vermögens verpfänden. 1303 wurden die halbe Burg und die halbe Stadt Kirchheim an die Habsburger verkauft. Die Zähringer verlegten schließlich ihren Sitz in das Oberrheingebiet, den Südschwarzwald und die Schweiz. Ihre Besitztümer hier lagen danach nur noch am Rand ihres Interessengebiets. Die erworbenen Besitzungen gingen erst als Pfand, dann als Eigentum an die Württemberger über. 1359 verpfändeten die Herzöge von Teck auch den Rest an die Württemberger und verkauften ihn schließlich 1381

Die Burg Teck, heute Sitz eines Wanderheims, spielte eine bedeutende Rolle bei der Gründung des Schwäbischen Albvereins.

ganz, danach zogen sie in ihre neu erworbene Herrschaft Mindelheim. 1495 erhielt Graf Eberhard IV. im Bart von Kaiser Maximilian I. auf dem Reichstag in Worms Titel und Wappen eines Herzogs von Teck verliehen.

Die einstige Burg war wohl nicht ausreichend befestigt. Bereits 1519 hielt sie dem Ansturm des Schwäbischen Bundes gegen Herzog Ulrich nicht stand, und 1525 im Bauernkrieg wurde sie zerstört, sodass alles, was man heute sieht, neueren Datums ist. Danach dienten die Ländereien zur Pferdezucht, ab 1412 wandelte man den oberhalb von Bissingen gelegenen Hof in eine herrschaftliche Schäferei und Molkerei um. 1736 wollte Herzog Karl Alexander die Teck zur Landesfestung ausbauen und ließ die übrig gebliebenen Reste bereits abtragen. Nach seinem Tod 1737 wurden die Bauarbeiten jedoch eingestellt und die fertig gestellten Gebäude abgebrochen.

Die Ruine ist mit einer Grundfläche von über vierzig Ar relativ groß, das Areal ist knapp über hundert Meter lang und vierzig Meter breit. Erhalten sind heute noch die Reste der Ringmauer der ältesten Anlage, von der Herzogsburg die Grundmauern von Türmen und Gebäuden sowie Reste der geplanten Festung aus dem 18. Jahrhundert. Allerdings ist alles nur noch schwer erkennbar.

Interessant ist, dass das englische Königshaus die Herzöge von Teck zu seinen Vorfahren zählen kann.

1888 war die Ruine Anlass zur Gründung des Schwäbischen Albvereins, denn der Verschönerungsverein Kirchheim hatte sich beim Bau des Teckturms finanziell übernommen. Er bat die benachbarten Verschönerungsvereine um Spenden. Aus einem daraufhin folgenden Treffen im »Waldhorn« in Plochingen ging dann der am 13. August 1888 gegründete Schwäbische Albverein hervor.

Turm in der Ummauerung der Burg Teck

Anschließend gehen wir steil hinab zum *Parkplatz Hörnle*. Am Anfang der Freifläche nehmen wir den nach rechts hinabführenden Pfad, der uns an einigen mächtigen alten Bäumen vorbei zurück nach *Bissingen* bringt.

- **Länge:**
  Etwa 8 Kilometer.

- **Zeit:**
  Etwa 3 Stunden.

- **Höhenunterschied:**
  Etwa 350 Meter.

- **Empfohlene Karte:**
  Freizeitkarte 524 Bad Urach, Landesvermessungsamt Baden-Württemberg.

- **Einkehrmöglichkeiten:**
  Bissingen, Teck.

- **Grillmöglichkeit:**
  Hörnle.

- **Sonstiges:**
  Die Wanderung verläuft auf Forstwegen und Pfaden.

- **Kurzzugang:**
  Ab Parkplatz Hörnle, Weg einfach zur Burg etwa 1 Kilometer beziehungsweise 170 Höhenmeter.

Ruinen Wielandstein und Sulzburg

Unterlenningen – Oberlenningen – Ruine Wielandstein – Krebsstein – Gutenberg – Oberlenningen – Ruine Sulzburg – Unterlenningen

Wenn man alle Burgen Wielandstein, die es früher einmal gab, einzeln zählen würde, käme man auf eine ganze Anzahl von Ruinen, die man auf dieser Tour besucht. Sichtbar sind aber nur noch die Ruinen Hinterer Wielandstein und Sulzburg. Außerdem kommen wir am Schlössle in Oberlenningen vorbei, in dem sich heute ein sehenswertes Museum befindet. Unternehmen wir die Wanderung im Frühjahr, können wir uns außerdem an den zahlreichen blühenden Obstbäumen erfreuen.

- **Ausgangspunkt:**
  Lenningen-Unterlenningen.

- **Wegverlauf:**

In der von der Durchgangsstraße (Kirchheimer Straße) abgehenden Engelhofstraße findet man Parkmöglichkeiten. Wir nehmen dann den rechts wegführenden Radweg (Brühlstraße), biegen gleich darauf nach links in die Friedensstraße ein und nach der Bahnlinie rechts. Nun spazieren wir durch Streuobstwiesen nach *Oberlenningen*.

Nach dem *Friedhof* in Oberlenningen gehen wir auf dem Heerweg weiter bis zum Heinrich-Scheufelen-Platz. Wir halten uns hier links, dann gleich rechts in den Wielandsteinweg, nun mit dem Wanderzeichen rote Raute. Jetzt steigt es eine Weile steil an. Am Waldrand zieht der markierte Weg nach links, und nach weiterem Anstieg sehen wir links oben die Ruinen. Wir gehen hoch zur letzten, der *Ruine Hinterer Wielandstein*.

Fünf Burgen waren es, die einst auf einem schmalen, 350 Meter langen Felsporn über dem Lenninger Tal saßen – hintereinander, wie Perlen auf der Schnur. Nennenswerte Reste sind vom Vorderen Wielandstein und vor allem von der **Burg Hinterer Wielandstein** (etwa 700 m)

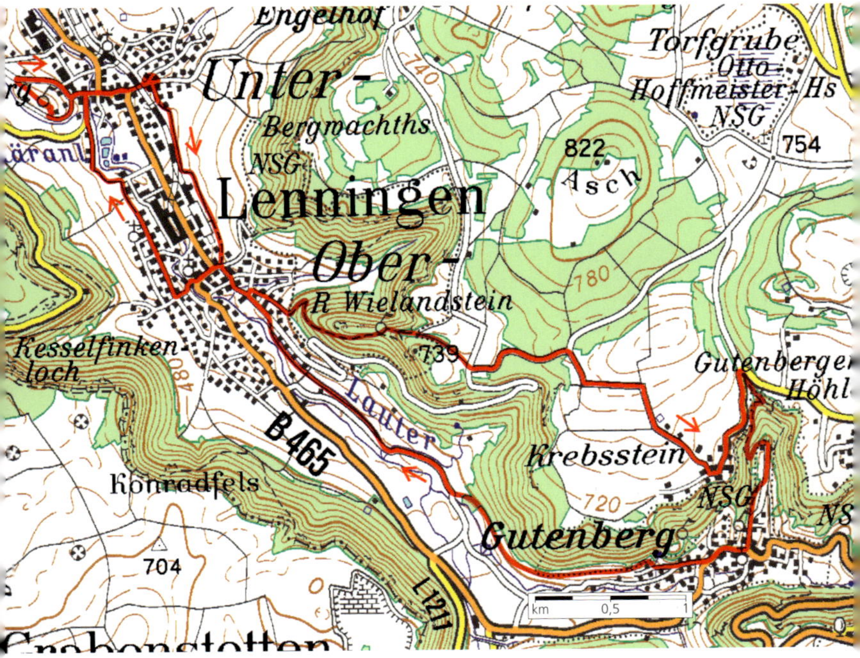

noch erhalten. Sie wurde, wie man anhand von Bodenfunden schließt, vor 1150 gegründet und 1240 erstmals erwähnt. Auf ihr saßen erst die Schwelcher (Swelher von Wielandstein), Ministerialen der Herren von Teck. Ende des 14. Jahrhunderts kam die Burg an Graf Eberhard von Württemberg, der sie an Burgvögte gab, so beispielsweise als Lehen an Konrad von Freyberg; 1478 erhielt sie Heinrich Schilling von Cannstatt. Dessen Nachfolger Sebastian Schilling wurde 1532 vom österreichischen Erzherzog Ferdinand als Burgherr eingesetzt. 1525 wurde die Anlage im Bauernkrieg von Bauern verwüstet und 1535 von der Gemeinde Lenningen mitsamt Zubehör und Ländereien um 2000 Gulden gekauft; damals war sie bereits verfallen. Die Dorfbewohner nutzten die Anlage dann als Steinbruch.

Man sieht Mauerreste, die wie mit dem Fels verwachsen aussehen, und einen Brunnenschacht. Der Zugang erfolgt über eine neue Holzbrücke, in das Innere kommt man durch ein Spitzbogentor. Auf der Nordseite, außerhalb, aber direkt an der Anlage, sieht man rechteckige Mauerreste. Nur ein mächtiger, rund 25 Meter hoher Felsklotz ist auf der Bergseite zu sehen. Als eine natürliche Schildmauer machte er die Anlage einst fast uneinnehmbar.

Wielandstein besteht aus mehreren Ruinen.

Anschließend folgen wir dem Wanderweg weiter auf dem Bergsporn entlang, kommen an einem Grillplatz und einem *Hüttchen* vorbei und verlassen bald den Wald. Danach überqueren wir ein Sträßchen und folgen weiter dem Zeichen. Es geht durch den Wald, dann über Felder nach *Krebsstein* und danach auf dem Zufahrtssträßchen bis zu einer scharfen Rechtskurve, wo sich ein Parkplatz befindet. Hier wandern wir nach rechts hinunter in Richtung »Gutenberger Höhle/Gutenberg«. Nach wenigen Minuten biegen wir bei den *Höhlen* nach links ab und steigen auf schmalem Pfad, nach einiger Zeit einen steinigen Bachlauf überquerend, hinab zu den *Sportplätzen* von *Gutenberg*.

Wir spazieren in den Ort und zur Durchgangsstraße (Hauptstraße) und biegen nach rechts ab. Wo die Straße eine Linkskurve beschreibt, zweigen wir mit der roten Raute in Richtung »Oberlenningen« nach rechts ab. An der nächsten Verzweigung nehmen wir die rechte Höllsternstraße, die uns aus dem Ort hinausbringt. Nun geht es eine Zeit lang oberhalb des Lenninger Tales auf einem Feldweg weiter. Kurz nachdem wir links unten eine Kläranlage gesehen haben, zieht der markierte Wanderweg nach links abwärts ins Tal. Hier folgen wir dem Asphaltweg in Gehrichtung weiter. Wer will, kann bald danach direkt am Bachlauf entlangwandern.

Vor den ersten Häusern von *Oberlenningen* werden wir nach rechts und dann nach links verwiesen. Hier kommt auch derjenige her, der direkt am Bach gewandert ist. Bald sind wir wieder am Heinrich-Scheufelen-Platz und wandern auf dem bekannten Heerweg bis vor den Friedhof, biegen nach links ab zur Durchgangsstraße (Amtstraße) und auf ihr geradeaus weiter zum arkadengeschmückten Rathaus. Dahinter kommen wir zu einem Brunnen, nach dem wir dem Zeichen »Fußweg Schlössle« folgen. Dieser Weg bringt uns hinauf zu dem bereits sichtbaren *Fachwerkschlössle*.

Das **Schlössle**, ein nach der Renovierung heute auffallendes stattliches Fachwerkhaus, war Wohnsitz des ortsansässigen Kleinadels, der Schilling von Cannstatt. Es wurde erstmals wohl im 12./13 Jahrhundert als Burg, dann in der ersten Hälfte des 15. Jahrhunderts als Schloss erbaut. Das heutige Gebäude wurde 1593 bis 1596 von Johann Georg Schilling von Cannstatt errichtet. Es besitzt auf einem massiven Unterbau zwei überkragende Fachwerkaufbauten mit Verzapfungen. Auf der Südseite sieht man zwei Anbauten, von denen einer teilweise auf Stützen steht. In seinem Obergeschoss ist heute das Museum für Papier- und Buchkunst untergebracht.

Anschließend gehen wir hinter dem Schlössle auf dem Privatweg nach rechts. Er mündet in die Sulzburger Straße ein, der wir aus dem Ort hinaus folgen. Nach einiger Zeit gehen wir an der Kläranlage links vorbei und spazieren hinein nach *Unterlenningen* bis zur querenden Burgstraße. Wir halten uns links und biegen nach kurzem Bergauf nach links ab (»Parkplatz/Burgstüble«). Nach dem Burgstüble führt ein schmaler, steiler Steig hinauf zur *Ruine Sulzburg*. Zurück können wir auf der anderen Seite der Anlage dem breiten Zufahrtsweg hinab nach *Unterlenningen* zur Durchgangsstraße folgen.

Die strategisch wohl nicht sonderlich bedeutende **Sulzburg** (492 m) liegt nicht wie andere erhöht auf einem Berg, sondern »nur« auf einem Hügel im Lenninger Tal. Sie besitzt aber eine überaus interessante Geschichte. Der Name der im 14. Jahrhundert erbauten Burg geht vermutlich auf den morastigen, sul-

Die Ruine Sulzburg ist zwar eine umfangreiche Anlage, war früher aber eher unbedeutend.

zigen Boden zurück. Sie wurde 1335 als den Herren von Neidlingen gehörend erstmals erwähnt. Vermutet wird, dass ein jüngerer Sohn der Familie, Heinrich von Neidlingen, zu Beginn des 14. Jahrhunderts diese Burg erbauen ließ, um sich einen standesgemäßen Wohnsitz zu schaffen.

Nach Heinrich erbten seine zahlreichen Kinder die Burg. Ihre Streitigkeiten schlichtete ein Vetter der Familie, Marquard von Randeck, Dompropst in Bamberg, später Bischof von Augsburg und Patriarch von Aquileia. Sie wurde dann von vier Brüdern bewohnt, die sich über ihre Nutzung und ihre Pflichten geeinigt hatten. Die Brüder räumten sich das Vorkaufsrecht ein und beschlossen, die Burg nur an gleichgestellte Niederadelige, nicht jedoch an Höherrangige zu verkaufen.

Die Burg kam nach und nach an Württemberg, das sie als Lehen weitergab. 1395 gelangte sie lehensweise über Agnes von Neidlingen an ihren Gemahl Funk Speth, der Werner von Neidlingen seinen Anteil abkaufte und die Burg somit wieder als Ganzes besaß. Seine Nachkommen nannten sich Speth von Sulzburg. Die Burg blieb im Bauernkrieg verschont. Den Speth folgten die Schilling, und es kam unter den Erben und den vermeintlichen Besitzern zu langwierigen Streitigkeiten, die erst 1624 endeten. 1692 kaufte die Herzogin Magdalena Sibylla, geborene Landgräfin von Hessen, Mutter des regierenden Landesfürsten, die Burg um 4500 Gulden und vermachte sie nach ihrem Tod ihrem Hofmeister. Er hatte kein Interesse daran und die Anlage verfiel, sodass 1732 nur noch ein »armer Tagelöhner« hier wohnte. In dieser Zeit war die Anlage Teil eines großen Gutshofes und bestand aus 17 Räumen und vier Ställen. 1807 bezeichnete man das Schloss als abgebrochen und als praktisch wertlos. 1819 ersteigerte der Bürgermeister der Gemeinde Lenningen den Besitz und verkaufte ihn nach vorheriger Absprache an seine Bauern weiter, sodass der Besitz dreißig Jahre später an hundert Eigentümer verteilt war.

Die Anlage besitzt eine weit vor der Kernburg liegende mächtige Schildmauer und zwei Meter dicke Mauern, trotzdem war sie wegen ihrer geringen Bedeutung wohl nie richtig umkämpft. So wurde sie auch erst aufgegeben, als sie den gestiegenen Wohnansprüchen nicht mehr genügte. Sie besteht aus zwei Teilen, einem älteren und einen jüngeren. Zwischen beiden befindet sich ein kleiner Burghof, in dem auch die Zisterne liegt. Man betritt die Ruine an ihrem ältesten Platz durch ein Rundbogentor in der Schildmauer. Der rechteckige jüngere Teil der Anlage aus dem 14. Jahrhundert liegt etwas höher. Auch einige Gewölbe sind noch erhalten. Die rund zwei Meter mächtige Schildmauer, die die Vorburg gegen Westen sicherte, verläuft 24 Meter quer über den Berg. Im Norden und Osten wurde die innere Burg von einem Zwinger geschützt.

Länge:
Etwa 13 ½ Kilometer.

Zeit:
Etwa 4 Stunden.

Höhenunterschied:
Etwa 450 Meter.

Empfohlene Karte:
Freizeitkarte 524 Bad Urach, Landesvermessungsamt Baden-Württemberg.

Einkehrmöglichkeiten:
Ober- und Unterlenningen, Gutenberg.

Grillmöglichkeit:
Nach der Ruine Hinterer Wielandstein.

Sonstiges:
Die Wanderung verläuft auf Forstwegen und Sträßchen. Museum für Papier- und Buchkunst im Schlössle in Oberlenningen. Freibad in Oberlenningen.

Kurzzugang:
Zur Ruine Hinterer Wielandstein kommt man auf dem beschriebenen Weg, wobei man am Heinrich-Scheufelen-Platz in Oberlenningen startet. Der Höhenunterschied beträgt dann etwa 240 Meter; für den Aufstieg sollte man rund dreißig Minuten rechnen. Ebenso lange benötigt man, wenn man am Parkplatz zu den Gutenberger Höhlen, kurz vor Krebsstein, startet. Allerdings beträgt der Höhenunterschied dann nur etwa 100 Meter. Wer noch will, steigt ab dem Parkplatz in wenigen Minuten zu den Gutenberger Höhlen ab. Zur Ruine Sulzburg zweigt man in Unterlenningen von der Durchgangsstraße in die Burgstraße ab und folgt der Beschilderung zum Burgstüble. Vom Parkplatz dahinter ist man in wenigen Minuten auf einem Pfad hochgestiegen zur Ruine; der Höhenunterschied beträgt 50 Meter. Zurück kann man auf der anderen Seite der Anlage dem breiten Zufahrtsweg folgen.

Im Schlössle in Oberlenningen befindet sich heute das Museum für Papier- und Buchkunst.

Ruine Reußenstein

Neidlingen – Neidlinger Wasserfall – Ruine Reußenstein – Neidlingen

Die Ruine Reußenstein ist eine richtige »Bilderbuch-Ritterburgruine«. Der Weg zu ihr führt – vor allem im Frühjahr, wenn die Bäume blühen – durch prächtige Streuobstwiesen. Der Neidlinger Wasserfall ist wie sein berühmterer Bruder, der Uracher Wasserfall, eine seltene Attraktion auf der sonst so wasserarmen Alb.

- **Ausgangspunkt:**
  Neidlingen.

- **Wegverlauf:**
  Wir fahren in *Neidlingen* in der Kirchstraße parallel zur munter plätschernden Lindach nach Süden, vorbei an der Kirche zum *Wanderparkplatz Braike*. Hier folgen wir dem in die Baumwiesen hineinführenden Sträßchen bis zu einer Verzweigung von drei Wegen, wo es nach links zur »Ruine Reußenstein« geht. Wir nehmen aber den rechten Weg, der uns zum Waldrand bringt. Hier zieht der Weg nach rechts, beschreibt aber gleich eine Linkskurve. Wo der Forstweg nach rechts abknickt, wandern wir geradeaus weiter. Wir folgen diesem Weg immer weiter im Wald, wobei wir nach feuchtem Wetter oder im Frühjahr immer wieder an gluckernden Bächlein vorbeikommen.

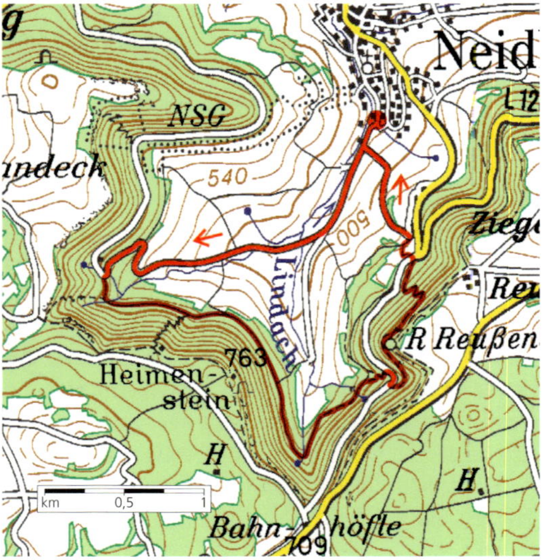

Die Ruine Reußenstein ist eine Burgruine wie aus dem Bilderbuch.

Sie stürzen teilweise über dicke Moospolster herab und haben sich zum Teil kleine Sinterterrassen selbst aufgebaut.

Schließlich knickt der Weg nach einem Taleinschnitt scharf nach links ab. Gleich danach beschreibt er eine Haarnadelkurve nach links. Hier folgen wir dem rechten, leicht ansteigenden der beiden geradeaus weiterführenden Wege weiter. Kurz darauf sind wir am *Neidlinger Wasserfall.* Auch er ist im Frühjahr am eindrucksvollsten. Kurz nach dem Wasserfall biegen wir auf den nach rechts abzweigenden Weg in Richtung »Ruine Reußenstein« ab. Es geht im Zickzack zu einem breiten Forstweg. Wir halten uns rechts, dann gleich wieder links. Es steigt stetig an und nach einiger Zeit kommen wir an einem Felsmassiv mit einer Höhle, danach an der rechts oben liegenden *Ruine Reußenstein* vorbei. Nach einem letzten Rechtsknick steigen wir vollends zu ihr hinauf.

Die **Ruine Reußenstein** (760 m) wurde im 13. Jahrhundert, vielleicht um 1270, von Diethoh (Ditho) vom Stain, einem Dienstmann der Herzöge von Teck, erbaut. Sein Sohn Johann verkaufte die Burg dann an seine Vettern Konrad und Heinrich Reuß von Kirchheim. Sie war dann der Stammsitz der Ritter Reuss und Randeck, die um 1250 auftraten. Die Burg trug bis dahin nur den Namen »Stein« – nach dem Bergvorsprung, auf dem sie thront. Ab etwa 1370 wurde sie nach ihrem Besitzer Ritter Konrad Reuß genannt, der in der ersten Hälfte des 14. Jahrhunderts mehrfach erwähnt wurde. Etwa 1371 verkaufte ein Hans Reuß dann die Burg an einen unbekannten Erwerber und verlegte seinen Wohnsitz auf die Burg Filseck bei Göppingen. Wohl ab 1550 starb das Geschlecht aus.

Zwischen 1371 und 1421 wechselten die Besitzer elfmal; so gehörte die Burg beispielsweise 1383 Konrad von Randeck – damals sicherte sich auch Württemberg das Vorkaufsrecht – oder 1394 Hans von Lichtenstein. Graf Eberhard der Greiner eroberte sie nach der Schlacht von Döffingen für Württemberg. 1441 kam sie an die Helfensteiner, denen sie bis 1627 gehörte. Ab Mitte des 16. Jahrhunderts war sie unbewohnt, wobei vom württembergischen Obervogt in Kirchheim bereits 1569 der zunehmende Verfall der Anlage bezeugt wurde. Nach dem Aussterben der Helfensteiner 1627 kam sie einige Jahre später zusammen mit ihrer Wiesensteiger Herrschaft an Bayern und an Fürstenberg, 1806 dann an Württemberg. Nachdem sie einige Zeit in Privatbesitz war, wurde die Anlage 1860 vom Staat gekauft.

Die Ruine zählt zu den am besten erhaltenen Ministerialenburgen der Gegend. Die Vorburg auf der Albhochfläche war ausgedehnt und von Wall und Graben umgeben. Der Graben zwischen Albrand und Burgfels wurde während der Bauarbeiten an der Burg künstlich vertieft.

Vom Hals- oder Burggraben aus kommt man in die Hauptburg. Dann geht man durch das ehemalige Haupttor zur Unterburg. Sie war mit verschiedenen Türmen gesichert. Das Innere der Hauptburg mit dem quadratischen, halb zerfallenen Bergfried aus dem 14. Jahrhundert und dem Wohnsaal, dem Palas, aus dem 15. Jahrhundert ist nur auf einem schmalen Felspfad durch zwei künstliche Felstore zugänglich. Beide Bauteile gehen auf die in der Anfangszeit – also zur Zeit der Staufer – errichteten Gebäude zurück. Der Bergfried war einst vermutlich nur vom Wehrgang aus zu erreichen. Wohl aus der Zeit der helfensteinischen Herrschaft stammen die anderen Bauteile. Die Zisterne im Innenhof wurde erst 1966 bei den Renovierungsarbeiten entdeckt. Hier befanden sich auch die Ökonomiegebäude und ein gewölbter Kellerraum. Zur oberen Burg gelangt man vorbei an den ehemaligen Basteien, dann steht man im Untergeschoss des einst fünfstöckigen Palas. Auf einer Treppe kommt man in den oberen Burghof, wo sich an der höchsten Stelle der einst zwanzig, heute 16 Meter hohe Bergfried befand. Sein südseitiger Eingang liegt 15 Meter hoch.

Im oberen Burghof stand früher einmal eine Kapelle, deren Nische

Die Felsen unterhalb der Ruine sind beliebte Kletterfelsen.

Am Neidlinger Wasserfall

noch erhalten ist. Hier befand sich einst das Fresko der »Madonna vom Reußenstein« aus dem 15. Jahrhundert.

Zurück gehen wir ein Stück auf dem Anstiegsweg bergab, zweigen dann nach dem ersten Linksknick des Weges aber mit dem Schild »Neidlingen über Parkplatz« und dem Zeichen blaue Gabel nach rechts ab. Bald sind wir am *Parkplatz Untere Weitung*. Hier halten wir uns links und gehen auf dem rechten der beiden Wege zu einer Lichtung mit Bänken und einer Grillstelle. Wir halten uns rechts und kommen auf einem schmalen Weg hinunter zu einem Feldweg oberhalb der Streuobstwiesen. Nach rechts gehen wir zu einem asphaltierten Weg, der uns nach links hinab ins Tal und zum *Ausgangspunkt* bringt.

- **Länge:**
  Etwa 8 Kilometer.

- **Zeit:**
  Etwa 2 ½ Stunden.

- **Höhenunterschied:**
  Etwa 350 Meter.

- **Empfohlene Karte:**
  Freizeitkarte 524 Bad Urach, Landesvermessungsamt Baden-Württemberg.

- **Einkehrmöglichkeit:**
  Neidlingen.

- **Grillmöglichkeiten:**
  Ruine Reußenstein, Wanderparkplatz Untere Weitung.

- **Sonstiges:**
  Die Wanderung verläuft auf Feld- und Forstwegen und Sträßchen, kurze Stücke auf Pfaden.

- **Kurzzugang:**
  An der Straße von Wiesensteig nach Schopfloch befindet sich ein großer Parkplatz. Von ihm aus ist man in wenigen Minuten zur Ruine spaziert.

Ruinen Hahnenkamm und Rauber

Bissingen – Ruine Hahnenkamm – Breitenstein – Diepoldsburg – Ruine Rauber – Sattelbogen – Bissingen

Die Ruine Rauber hat schon einen Namen, der Kinder zum Besuch verlockt. Von ihr sieht man noch einige Teile, während von der Ruine Hahnenkamm nicht mehr viel erhalten ist. Eine Attraktion ganz anderer Art, wegen der alleine sich die Wanderung schon lohnen würde, ist die herrliche Aussicht, die man auf dem Breitenstein genießen kann.

- **Ausgangspunkt:**
  Bissingen an der Teck.

- **Wegverlauf:**
  Wir starten in *Bissingen* an der *Kirche* und bei dem mit Holzarkaden geschmückten alten Rathaus aus dem Jahr 1669 und folgen der Straße nach Süden. An der Verzweigung biegen wir in die Vordere Straße nach links ab, lassen den *See* links liegen und verlassen mit dem Zeichen blaues Dreieck in Richtung »Breitenstein« in der Seestraße den Ort. Etwas später zieht unser markierter Weg nach links. Nun steigt er an und führt bald auf einem Pfad. Vor der Landstraße sehen wir links einen Hügel, auf dem die *Ruine Hahnenkamm* liegt.

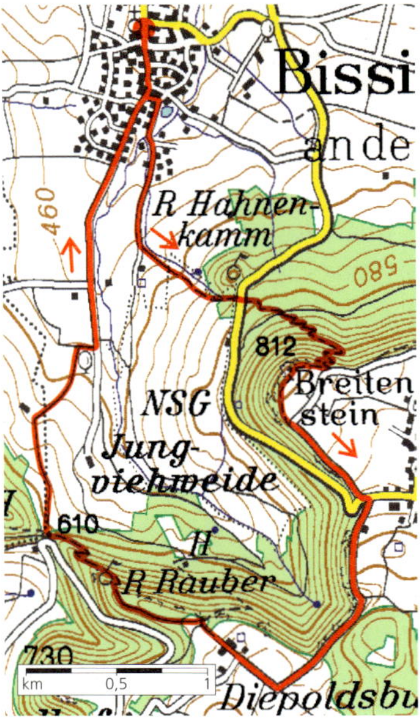

Blick vom Breitenstein zur Burg Teck

Von der aus dem 13. Jahrhundert stammenden **Ruine Hahnenkamm** (606 m) sind nur noch einige Mauerreste erhalten. Sie gehörte zu dem Ring von Dienstmannenburgen, die sich die Herzöge von Teck um ihre Hauptburg hatten erbauen lassen. Sie kam 1303 an Österreich und 1326 an Württemberg, seit dem 15. Jahrhundert verfällt sie.

Wir überqueren die Landstraße, hinter der es etwas nach rechts versetzt an der Einfahrt zum Parkplatz weitergeht. Nun steigen wir in Serpentinen auf zur Albhochfläche. Oben halten wir uns rechts am Trauf, kommen zum *Breitenstein* mit seiner herrlichen Aussicht und spazieren danach über den Parkplatz hinweg zur Landstraße. Auf ihrer anderen Seite folgen wir dem Sträßchen in Richtung »Diepoldsburg«, nun mit dem roten Dreieck. Am *Hof Diepoldsburg* verlassen wir das Sträßchen und gehen zwischen den Häusern durch. Nun fällt es. Nach den Weiden am Waldrand sehen wir rechts einen kleinen *Friedhof;* hier zieht unser Weg nach links. Rechts oben in den Felsen des Bergsporns liegt die *Obere Diepoldsburg;* dem Pfad folgend kommen wir zur *Unteren Diepoldsburg (Rauber).*

Die **Obere Diepoldsburg** ist die ältere der beiden Burgen. Um 1210 wurde ein Ritter Ulrich von Diepoldsburg genannt. 1297 tauchte der Name der Burg wieder auf, die sich nun im Besitz der Herzöge von Teck befand. Andere Quellen sprechen jedoch von einer erstmaligen Nennung im Jahr 914, als der schwäbische Pfalzgraf Erchanger den Bischof von Konstanz auf einer Diepoldsburg gefangen hielt. Es wird aber vermutet, dass es sich hierbei aber nicht um diese Anlage handelte. Sie gelangte vor 1406 an die Württemberger Grafen, denn damals wurde sie von ihnen bis 1470 zu Lehen vergeben.

Beide Burgen wurden 1525 im Bauernkrieg zerstört und nicht mehr aufgebaut. 1535 gehörte die Anlage den Speth von Sulzburg, wurde aber bereits als Burgstall erwähnt. Im 16. Jahrhundert kam wohl der 1624 dann bezeugte Name Rauber auf. Die Burgen und die zugehörigen Güter wechselten öfter ihren Besitzer. Die letzte adelige Besitzerin war die Herzogin Magdalena Sybille 1698, danach gehörten sie bürgerlichen Besitzern. 1850 versuchte der Kameralverwalter Viktor Lang für das Anwesen den Rang eines Rittergutes mit Steuerfreiheit und eigener Gerichtsbarkeit zu erhalten. Er kaufte hierzu zahlreiche Grundstücke, baute ein Wohnhaus und die für ein großes Gut notwendigen Gebäude und verfügte schließlich über ein Hofgut von 261 Morgen. Allerdings konnte er sein Vorhaben bei der Regierung nicht durchsetzen. 1898 erwarb der Schafhalter Adam Rall aus Dettingen das Hofgut Diepoldsburg.

Von der Oberen Diepoldsburg sind nur noch wenige Reste wie eine über zwei Meter starke und etwa vier Meter hohe Mauer zu sehen. Die **Untere Diepoldsburg** (etwa 780 m), der **Rauber,** wurde wahrscheinlich im 13. oder 14. Jahrhundert auf einem nach drei Seiten steil abfallenden Felsen erbaut. Auf seiner Bergseite war er mit einem Graben geschützt; über ihn führte und führt noch immer eine Brücke. Heute sind noch die Umfassungsmauern der Burg erhalten. Man kommt über eine Holzbrücke und durch ein großes Rundbogentor in die Ruine. Eine Seltenheit für die Zeit der Staufer sind die abgerundeten Ecken. Bemerkenswert ist auch, dass die Mauern nicht besonders stark waren und ein Turm oder eine Schildmauer auf der Gefahrenseite fehlte. In der Anlage befindet sich eine Zisterne.

Vor der Holzbrücke nehmen wir den nach rechts in Richtung »Sattelbogen« abwärtsführenden Weg, der uns steil hinunter zum *Sattelbogen* bringt. Wer noch Kondition hat, kann nun wie in Tour 24 beschrieben zur Burg Teck weitergehen und von dort aus nach Bissingen zurückwandern. Ansonsten folgen wir dem mit dem blauen Dreieck markierten Weg, der direkt rechts unterhalb des Berges abwärtsführt. Er bringt uns zurück nach *Bissingen.*

Um die Ruine Rauber ranken sich alte Sagen.

Grausame Räuber

Die beiden Ruinen Diepoldsburg liegen auf einem Bergvorsprung oberhalb des Sattelbogens, der das Albmassiv mit dem Teckberg verbindet. Die Ruinen gehen der Sage nach auf die missratenen Söhne der Sybille zurück, die unterhalb der Burg Teck in einer Höhle lebte. Sie war eine gütige Frau, ihre Söhne jedoch grausame Herren und Räuber. Der wildeste von ihnen hauste auf dem Rauber.

- **Länge:**
  Etwa 9 Kilometer.

- **Zeit:**
  Etwa 3 ½ Stunden.

- **Höhenunterschied:**
  Etwa 480 Meter.

- **Empfohlene Karte:**
  Freizeitkarte 524 Bad Urach, Landesvermessungsamt Baden-Württemberg.

- **Einkehrmöglichkeiten:**
  Bissingen an der Teck.

- **Grillmöglichkeiten:**
  Breitenstein, Rauber, Sattelbogen.

- **Sonstiges:**
  Die Wanderung verläuft auf Forstwegen, Sträßchen und Pfaden.

- **Kurzzugang:**
  Ab dem Parkplatz Breitenstein. Noch kürzer ist es, wenn man dem Sträßchen in Richtung Diepoldsburg beziehungsweise Engelhof folgt; gleich nach dem Waldstück befindet sich ein Parkplatz.

Wäscherschlössle

Lorch – Muckensee – Oberkirneck – Wäscherschlössle – Beutental – Lorch

Diese Wanderung führt uns von Lorch hinauf zum sehenswerten Wäscherschlössle, in dem wir ein Museum besuchen können. Hier befinden wir uns in staufischem Stammland, was an dem recht nahen Burghügel des Urahns des Geschlechts, dem Hohenstaufen, zu erkennen ist. Vom Weg aus haben wir prächtige Blicke dorthin und zum Rechberg. Wer will, kann anschließend noch das ehemalige Kloster in Lorch aufsuchen.

- **Ausgangspunkt:**
  Lorch.

- **Wegverlauf:**
  Wer mit der Bahn kommt, hält sich am *Bahnhof* nach Osten zum Kreisverkehr und spaziert mit dem Zeichen blauer Strich die Hohenstaufenstraße entlang. Gleich nach der großen Straßenbrücke biegen wir nach rechts ab in Richtung »Muckensee«. Wir treffen gleich danach auf die Straße, die rechts über die Brücke führt, biegen aber nach links ab und spazieren entlang der Lärmschutzmauer über die B 29 zum *Muckensee*. Wer mit dem Auto gekommen ist, kann auch hier an der Zufahrtsstraße zum See parken, von der Bundesstraße aus ist es die Ausfahrt »Lorch Ost«

  Dann gehen wir am Muckensee entlang und biegen an dem querenden Forstweg nach dem See nach links ab (Muckenseeweg). Wo gleich darauf der mit dem blauen Punkt markierte Weg nach links abwärtsführt, nehmen wir den nach rechts aufwärtsziehenden Ziegelwaldweg. Am Querweg nach kurzem Bergauf halten wir uns links. Etwas später beschreibt der Weg eine ausgeprägte Rechtskurve und bringt uns zu einem Querweg, in den wir nach links einbiegen.

  Bald verlassen wir den Wald. Nun geht es durch eine Wiesenlandschaft, wobei wir bald den Hohenstaufen und den Rechberg im Blickfeld haben. Am nächsten querenden Weg orientieren wir uns rechts. Vorbei an einem alten *Kreuzstein* spazieren wir nach *Oberkirneck,* wo wir nach links in den Dreschweg einbiegen. Am nächsten querenden Weg halten wir uns noch einmal nach links. Das Zeichen roter Strich weist nun bereits Richtung

Wäscherhof. Wir wandern am *Golfplatz* vorbei zu einem *Feldkreuz,* an dem wir links vorbeigehen. Wo es an der nächsten Kreuzung nach links nach Lindenbronn geht, biegen wir nach rechts ab.

Kurz vor Wäscherhof zweigen wir nach rechts zu den Gebäuden Ziegelhütte und gleich darauf nach links zum *Wasserturm* hin ab. Hinter diesem befindet sich ein von einem Graben umgebener Hügel.

Beim **Burren** sieht man mit dem von einem Graben umgebenen Hügel den Rest einer kleinen mittelalterlichen Wehranlage, vielleicht einer Turmhügelburg, die hier im 11. Jahrhundert stand. Sie war wohl mit Holzpalisaden befestigt.

Danach gehen wir etwas zurück und biegen nach dem Wasserturm nach rechts ab nach *Wäscherhof*. Nach dem Weiher und der kleinen Remigiuskapelle spazieren wir geradeaus weiter zum *Wäscherschlössle*.

Das **Wäscherschloss** (oder die Wäscherburg; 436 m) ist ein gutes Beispiel einer kleinen Burganlage aus der Zeit der Staufer. Das Geschlecht

Im Wäscherschlössle befindet sich ein interessantes Museum.

ging eventuell aus den Riesgrafen hervor, die von der Burg Wallerstein im Ries kamen und im 11. Jahrhundert in das Gebiet zwischen Rems und Fils einheirateten. Sie erbauten zuerst eine Burg an der Stelle, wo später das Lorcher Kloster errichtet wurde, sowie eine auf dem Hohenstaufen, von der heute nur noch spärliche Reste übrig sind. Das Wäscherschlösschen galt lange als »Wiege der Staufer«, denn im Stammbaum von Kaiser Friedrich I. Barbarossa tauchte ein Friedrich von Büren auf; es wurde vermutet, dass Büren identisch mit dem heutigen Wäschenbeuren ist.

Erstmals erbaut wurde die Anlage im 11. Jahrhundert von Friedrich von Büren (etwa 1025–etwa 1054). Sein Sohn war Friedrich I. von Staufen (1050–1105), der mit der Tochter Kaiser Heinrichs IV., Agnes (1075–1143), verheiratet war und sich als erster Herzog von Schwaben nannte; ihr Enkel war Kaiser Friedrich I. Barbarossa. Die heutige, sechseckige Anlage geht auf das Jahr 1230 zurück. Allerdings schließt man anhand von gefundenen Scherben auf eine Besiedlung im 10. Jahrhundert.

Die Burg war 1268/71 im Besitz von Konrad dem Wascher, einem staufischen Dienstmann, der als ihr erster nachweisbarer Eigentümer gilt und die Burg vom Kloster Lorch kaufte. 1328 gelangte sie an die Herren von Staufeneck, danach an die Familie Rechberg-Staufeneck. Sie wurde im Städtekrieg 1377 beschädigt. Die Rechberg-Staufeneck trugen sie 1465 Österreich als Lehen an. Lehnsnehmer nach 1599 waren unter anderem der Reichspfennigmeister Zacharias

Geizkofler, die auch aus dem Allgäu bekannte Familie von Freyberg-Eisenberg und die Familie von Taxis. Im Jahr 1806 fiel die Lehnshoheit an Württemberg, das 1857 die Anlage erwarb.

Die Anlage ist eine vollständig erhaltene staufische Dienstmannenburg, deren älteste Bauteile auf den Anfang des 13. Jahrhunderts zurückgehen. Sie ist von einer aus Buckelquadern erbauten Umfassungs- und einer Schildmauer umgeben, in welcher man noch viele Steinmetzzeichen und Löcher zum Hinaufziehen der großen Steine sieht. Der 25 Meter lange und knapp zehn Meter tiefe Palas besteht aus dem Kellergewölbe, dem rund sechs Meter hohen steinernen, aus staufischen Zeiten stammenden Erdgeschoss, zwei Fachwerkobergeschossen von 1484 und 1699 und dem Dachstuhl. Im ersten Stock befindet sich ein spätgotischer Fenstererker mit einer eichenen Außenwand. Die Westseite ist als Schildmauer ausgebildet und drei Meter dick. An den Palas schließt sich ein trapezförmiger Hof an, der von der fast zehn Meter hohen und zwei Meter starken Ringmauer umgeben ist. Das Trapez des Hofes ist leicht verschoben, sodass der Eingang genau nach Osten zeigt. Teile des Wehrgangs und der Wehrmauer wurden rekonstruiert. Die einstigen Schutzwälle in der Umgebung sind noch im Gelände zu sehen.

Nach einer netten Sage soll der Name Wäscherschlössle von einer Wäscherin herrühren, die die Geliebte Kaiser Barbarossas war.

In der Anlage befindet sich ein Museum, in welchem man Exponate zur Bau- und staufischen Herrschaftsgeschichte findet. Außerdem sind bäuerliche und zur Arbeits- und Wohnkultur früherer Zeiten gehörende Stücke sowie eine Sammlung mittelalterlicher Musikinstrumente zu sehen. Zu erreichen ist das Museum unter Telefon (0 71 72) 62 32.

Nach der Besichtigung gehen wir über den unterhalb liegenden *Parkplatz* und mit dem Wanderzeichen blaues Kreuz hinab in Richtung »Beutental/Lorch«. Wir treffen bald auf das am Wochenende gesperrte Beutentalsträßchen, dem wir folgen. An der *Beutenmühle* weist unser Zeichen nach links; wir kommen am *Beutenhof* vorbei und treffen danach wieder auf das Sträßchen.

An der Straßengabelung nach dem *Schnellhöfle* halten wir uns links. Am Waldrand ignorieren wir nach dem Bach den ersten, nach links zum »Muckensee« abgehenden Weg, zweigen aber wenige Meter danach mit dem blauen Punkt nach links auf den schmalen asphaltierten Pfad ab. Er bringt uns zu einem breiten Forstweg, dem wir in Gehrichtung bis zu einer Art »Verkehrsinsel« folgen. Hier kann man nach links auf bald bekanntem Weg zur Rückseite des *Muckensees* spazieren. Nach rechts kommt man in wenigen Minuten zur Zufahrtsstraße von *Lorch*.

Auf den alten Steinmauern thront ein Fachwerkaufsatz. Gut zu erkennen sind die Löcher in den Mauersteinen, die zum Hochziehen der Steine gedient haben.

- **Länge:**
  Etwa 10 Kilometer.

- **Zeit:**
  Etwa 3 Stunden (ab Muckensee).

- **Höhenunterschied:**
  Etwa 200 Meter (ab Muckensee).

- **Empfohlene Karte:**
  Freizeitkarte 521 Göppingen, Landesvermessungsamt Baden-Württemberg.

- **Einkehrmöglichkeiten:**
  Muckensee, Wäscherhof, Beutental, Lorch.

- **Sonstiges:**
  Die Wanderung verläuft auf Forstwegen sowie auf asphaltierten Sträßchen.

- **Öffentliche Verkehrsmittel:**
  Bahn.

- **Kurzzugang:**
  Man kann vor dem Wäscherschlössle parken.

Ruine Hiltenburg

Bad Ditzenbach – Ruine Hiltenburg – Schonterhöhe – Oberbergfels – Deggingen – Galgenberg – Bad Ditzenbach

Schön an dieser Wanderung ist, dass wir immer wieder eine herrliche Aussicht ins Filstal und auf seine Orte haben. Die Hiltenburg ist eine Doppelburg, und die Ruine erzählt uns von der interessanten Geschichte der Grafen von Helfenstein.

- **Ausgangspunkt:**
  Bad Ditzenbach.

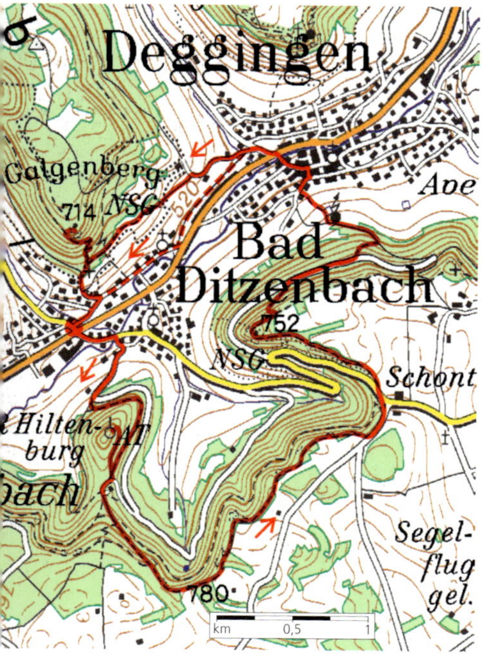

- **Wegverlauf:**

Am westlichen Ortsende von *Bad Ditzenbach* finden wir einen *Parkplatz*. Von hier aus folgen wir der Straße in Richtung »Ortsmitte/Aufhausen«. Gleich nach der *Fils* liegt rechts ein weiterer Parkplatz. Ab hier folgen wir immer der Beschilderung »Hiltenburg/AV-Hütte« beziehungsweise dem Wanderzeichen rote Raute. Wir biegen nach dem Parkplatz links in die Schlossbergsteige ein und zweigen gleich darauf nach rechts ab. Nun verlassen wir den Ort und spazieren mit viel Aussicht über die Wiesen hinauf zum Waldrand, wo wir nach links in den *Maiweg* verwiesen werden. Der Forstweg führt uns um den *Schlossberg* herum, schließlich zweigt der Weg zur Ruine nach rechts ab. Nach fünf Minuten an der nächsten Verzweigung liegt links oben die manchmal bewirtschaftete *Albvereinshütte*. In wenigen Minuten sind wir nach rechts zur *Ruine* aufgestiegen.

Die Burg, deren Reste die heutige **Ruine Hiltenburg** (716 m) auf dem kegelförmigen Berg zeigt, wurde 1289 als Sitz eines Amtmannes der Helfensteiner erstmals urkundlich genannt. Sie war eine Doppelburg und erst ein Amtssitz der Grafen von Helfenstein, die einst ein reiches und auch am Kaiserhof gern gesehenes Geschlecht waren. Schließlich verarmten sie, und die Burg war ab 1356 Residenz einer älteren Linie dieses Geschlechts, als sie ihre Herrschaft und die Burg Helfenstein an die Ulmer verkaufen mussten. 1363 wurde die Burgkapelle erbaut. 1446 bis 1482 besaßen die Württemberger die Anlage als Pfand. Am 9. November 1516 wurde sie von Herzog Ulrich abgebrannt, weil von ihr aus am 20. Oktober angeblich ein Schuss auf seine im Tal ruhenden

Die Ruine Hiltenburg wurde hervorragend renoviert.

Truppen abgefeuert worden war. Er war damals gerade mit 3000 Mann von einer Verhandlung mit Kaiser Maximilian in Blaubeuren gekommen. Katharina, die schwangere Frau des Burgherrn, fiel vor dem Herzog auf die Knie, übergab ihm die Burgschlüssel und bat ihn um Verschonung, da ihr Mann gerade abwesend und somit unschuldig war: Graf Ulrich XVI. weilte nämlich gerade mit gebrochenem Bein am Kaiserhof. Daraufhin verlangte der Herzog das Öffnungsrecht, das ihm Graf Ulrich jedoch verweigerte. Daraufhin ließ der jähzornige Herzog die Anlage dann doch noch abbrennen.

Die ausgedehnte Sporn-Anlage der Hiltenburg besteht aus zwei Teilen. Beide Teile sind durch tiefe Gräben getrennt, besaßen aber einen gemeinsamen Zwinger und eine gemeinsame Ringmauer. Der ältere Teil im Südwesten besteht aus einer Ringmauer und einem teilweise erhaltenen Buckelquader-Bergfried. Der nordöstliche Teil lag hinter einem Graben und besaß ebenfalls einen Bergfried und eine Ringmauer. Im Gewölbekeller wurden interessante archäologische Funde gemacht – Glas- und Keramikscherben, Knochen, Bodenkacheln und Dachplatten –, die Einblicke in das Leben der Burgbewohner ermöglichen.

Danach gehen wir wieder zurück zur Verzweigung unterhalb der Albvereinshütte und folgen hier weiter

Blick von der Ruine Hiltenburg ins Filstal

Die Ruine Hiltenburg war einst Hauptsitz der Helfensteiner.

dem Wanderzeichen. An der Verzweigung nach der Hütte halten wir uns links in Richtung »Oberbergfels/ Schonterhöhe«. An der folgenden Verzweigung gehen wir mit der roten Raute nach rechts hinauf zur *Albhochfläche*. Hier orientieren wir uns mit dem Zeichen rote Gabel links. Nun folgen wir mit leichtem Auf und Ab dem Verlauf des Traufs, wobei wir immer wieder einen schönen Blick ins Tal und auf den Schlossfelsen haben.

Schließlich stoßen wir auf den *Parkplatz Schonterhöhe*. Wir orientieren uns links und kommen hinab zu einem Hof. Wir biegen hier nach links in die Landstraße ein, zweigen aber gleich darauf von ihr nach rechts ab. In wenigen Minuten haben wir den *Oberbergfels* erreicht, der eine weite Sicht bietet. Fünf Minuten nach dem Oberbergfels biegen wir mit der roten Raute nach links auf einen steil hinunterführenden Steig ab. Er bringt uns zu einem breiten Forstweg, dem wir kurz nach rechts folgen, dann nehmen wir den nach links abgehenden Pfad. Er führt uns zu einem querenden Forstweg, wo wir nach links weiter bergabgehen. Wer will, kann hier jedoch eine Erweiterung nach rechts zur *Wallfahrtskirche Ave Maria* machen und von ihr aus nach Deggingen marschieren. Dabei orientiert man sich an der Kirche, hinter der wir den unten erwähnten Marienbrunnen finden.

Ansonsten folgen wir dem abwärtsführenden Asphaltweg hinab nach *Deggingen*. Im Zentrum sehen wir rechts einen Brunnen mit einer Marienfigur und die Kirche. Hier halten wir uns links. Gleich danach spazieren wir in der Friedhofstraße zur B 466. Wir orientieren uns links und biegen nach dem *Friedhof* nach rechts in den Dürrentalweg ein. Am Parkplatz nach dem Friedhof geht es nach links weiter (Galgenbergweg). Jetzt müssen wir uns entscheiden, welche Route wir wählen.

Den bequemsten Weg stellt der Rad- und Wanderweg (Radweg Filstalroute) dar, der eben im Tal zurück nach Bad Ditzenbach führt. Schöner, allerdings mit einem Anstieg verbunden, ist es jedoch, wenn wir uns an der Verzweigung mit der roten Raute rechts halten. Nach kurzem Anstieg führt das Sträßchen nach dem letzten Haus rechts zum Schützenhaus. Wir wandern jedoch über die Wiesen geradeaus weiter zum Waldrand und ins Naturschutzgebiet. Hier zieht der breite Weg nach rechts, unser markierter Wanderweg zweigt jedoch links ab und führt geradeaus weiter.

Relativ eben wandern wir nun durch den Wald bis zu einem querenden Pfad. Hier geht es geradeaus zurück. Wer jedoch noch nicht genug Höhenluft geschnuppert oder noch nicht von genügend Aussichtspunkten aus den Blick genossen hat, macht einen etwa halbstündigen Abstecher nach rechts in Richtung »Auendorf«. Nach wenigen Minuten kommt man zu einer Freifläche mit Aussicht. Ein weiterer Anstieg bringt uns zu den Felsen am *Galgenberg*, von denen wir hinab ins Filstal sehen können. Danach gehen wir zurück zum Abzweig und halten uns rechts.

Gleich danach erreichen wir die *Bronnbühlkapelle*. Nun gehen wir auf dem Kreuzweg, darauf bei den Häusern auf der Straße zurück nach *Bad Ditzenbach*. Am Kurheim biegen wir nach rechts ab und halten uns dann nach links zur Bundesstraße.

- **Länge:**
  Etwa 10 Kilometer.

- **Zeit:**
  Etwa 3 Stunden.

- **Höhenunterschied:**
  Etwa 400 Meter, Erweiterung etwa 140 Meter zusätzlich.

- **Empfohlene Karte:**
  Freizeitkarte 521 Göppingen, Landesvermessungsamt Baden-Württemberg.

- **Einkehrmöglichkeiten:**
  Bad Ditzenbach, Deggingen, eventuell in der Albvereinshütte bei der Ruine.

- **Grillmöglichkeit:**
  Ruine Hiltenburg.

- **Sonstiges:**
  Die Wanderung verläuft überwiegend auf Pfaden, ansonsten auf Forstwegen.

- **Kurzzugang:**
  Man gelangt wie beschrieben zur Ruine und auf demselben Weg wieder zurück. Zeit: etwa 1 Stunde, Höhenunterschied: etwa 210 Meter.

Ruine Helfenstein

Parkplatz Helfenstein – Ruine Helfenstein – Weiler – Ödenturm – Hofstett – Weiler – Parkplatz

Höhepunkte dieser Tour sind die Ruine Helfenstein und der Ödenturm, der als solcher eine Einmaligkeit darstellt. Von beiden hat man einen schönen Blick auf Geislingen und seine Täler. Die Wanderung ist recht kurz, sodass sie sich auch für Kinder eignet und genügend Zeit für die Bauwerke bleibt. Außerdem lockt anschließend Geislingen mit seiner sehenswerten Altstadt zu einem Bummel.

- **Ausgangspunkt:**

Geislingen-Weiler ob Helfenstein.

- **Wegverlauf:**

Vor *Weiler* in Richtung Geislingen liegt ein Parkplatz. Von hier aus spazieren wir in fünf Minuten zur *Ruine Helfenstein*.

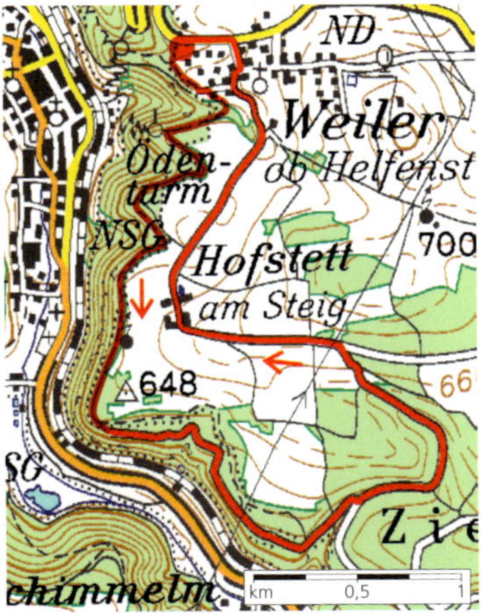

Die um 1100 erstmals genannte Burg und heutige **Ruine Helfenstein** (etwa 610 m) – 1103 und 1113 tauchten im Schenkungsbuch des Klosters Hirsau ein Eberhard von Helfenstein und sein gleichnamiger Sohn auf – gehörte erst den Grafen von Helfenstein. Diese verfügten im 14. Jahrhundert mit Besitzungen um Geislingen, Heidenheim, Blaubeuren und Wiesensteig über eines der größten und geschlossensten Territorien im ansonsten recht zersplitterten Südwestdeutschland. Die Helfensteiner waren anfangs eng mit den Staufern verbunden, und Gottfried von Spitzenberg-Helfenstein war lange Jahre Kanzler von Kaiser Friedrich I. Barbarossa und Bischof von Würzburg. Mitte des

Blick auf die um 1100 erstmals genannte Ruine Helfenstein

13. Jahrhunderts gründeten die Helfensteiner am Fuß des Burgbergs die Stadt Geislingen, die zum Mittelpunkt ihrer ausgedehnten Herrschaft wurde.

1356 verzweigte sich das Geschlecht bei einer Erbteilung in zwei Linien. Da sie auch ein verschwenderisches Leben führten, mussten sie sich verschulden und schließlich ihren Besitz 1396 zu großen Teilen an die Reichsstadt Ulm verkaufen. Die Helfensteiner zogen in ihr Stadtschloss nach Geislingen, und auf der Burg lebten Vögte der Ulmer, die sie im 15. und 16. Jahrhundert zur Festung ausbauten. Sie war auf dem felsigen Bergsporn errichtet worden, weil es hier genügend Siedlungsplatz gab und man von hier aus den Verkehr durch das Filstal auf die Albhochfläche gut überwachen konnte.

Unter dem von den Ulmer Zünften gestellten Bergvogt wurden die Vorderburg und beide Felsen ausgebaut, unter anderem, um sie gegen die neuen Feuerwaffen zu sichern. Sie erhielt einen zweiten Mauerring, der von Türmen mit Schießscharten unterbrochen war. Außer den Zwingermauern wurden Rondelle errichtet und in Richtung Weiler auf dem Bergrücken ein Bollwerk. Zur Stadt hin entstand eine große Bastion mit drei Geschützkammern. Auch die Geländeterrasse »Unteres Wiesele« und der Felsvorsprung mit der Ödenburg wurden in die Anlage einbezogen. Das Hauptstück war der Darliss genannte, alles überragende Geschützturm. Im westlichen Teil lag der Palas.

In der Karwoche 1552 wurde die Burg im so genannten Markgrafenkrieg von Markgraf Albrecht Alkibiades von Brandenburg-Kulmbach ohne Belagerung mit einem Trick eingenommen. Er schickte nämlich einen Trompeter und drei Mann auf die Festung mit der Zusage, dass er abziehen werde. Als die Besatzung daraufhin ihre Kriegsvorbereitungen einstellte, überrumpelte er sie. Im August desselben Jahres beschossen die Ulmer auf Befehl des Kaisers ihre Festung dann mehrere Tage, vor allem mit schweren Steinkugeln, sodass die Besatzung aufgab. Die Schäden wurden nicht mehr ausgebessert, sondern die Ulmer schleiften die Anlage; auch 1760 wurden noch Reste der Ruine abgetragen. Wald überzog die Anlage, und erst 1932 bis 1937 wurden die Mauern wieder freigelegt und der Aussichtsturm erbaut.

Auf der Burgfläche standen einst zahlreiche Gebäude, so an der Stelle des heutigen Aussichtsturms das Herrenhaus, eine Bäckerei, ein Wasch- und Badehaus, eine Kapelle, ein Wächterhaus und ein Zeughaus, eine Wagenremise, ein Pulverturm, Mannschaftsräume und Kellerräume. Außerdem gab es eine Zisterne, den Geschützturm, Zwingermauern und den Stall. Die fünf bis sechs Meter hohe Ringmauer trug einen gedeckten Wehrgang.

Anschließend folgen wir in der Anlage der Markierung rote Gabel in Richtung »Ödenturm«. Wir kommen nach *Weiler,* wo wir uns an der ersten Straße nach links halten. An der Verzweigung gleich darauf orientieren wir uns rechts und biegen gleich danach noch einmal nach rechts ab. Es geht kurz hinab, dann wieder hinauf zum *Ödenturm*.

Der gut 33 Meter hohe **Ödenturm** (636 m) wurde vermutlich erstmals am Ende der Stauferzeit aus mächtigen Buckelquadern errichtet. 1420 fanden nach einer Begehung der Festungsbaumeister der Städte Straßburg, Nürnberg und Ulm weitere Baumaßnahmen statt. Der Turm war vielleicht ein Beobachtungsposten oder Teil der Verteidigungsanlage der Burg Helfenstein. Seine Mauern sind unten zweieinhalb Meter stark. Der Eingang lag ursprünglich in neun Metern Höhe und war auf einer Leiter zu erreichen. Erst nach der Schleifung der Burg 1552 wurde der heutige Eingang hineingebrochen, um eine künftige Verschanzung zu verhindern. Nun diente der Turm für die Geislinger als Wachturm, und 1558 wurden Glocken angebracht. Der Wächter musste vor Feuersbrünsten in der Umgebung warnen und bei Brandgefahr Warnschüsse abgeben.

Vom Ödenturm aus konnte die Gegend überwacht werden. Später diente er als Feuerturm für Geislingen.

1802 kam der Turm von der Stadt an Bayern, das ihn abbrechen wollte. Auf Bitten der Geislinger Bürger durfte er jedoch als »Wahrzeichen der Gegend« stehen bleiben. Acht Jahre später ging der Turm an Württemberg über, 1823 kam er durch Tausch an Geislingen. Der Turm brannte nach Blitzeinschlägen insgesamt fünfmal aus, im Sommer 1689 starb sogar ein Wächter durch einen Blitz. Der letzte große Brand war am 18. Januar 1921. Der Turm ist von Mai bis Oktober sonn- und feiertags von 9 bis 17 Uhr geöffnet.

Wir gehen vom Turm aus wieder die paar Meter zum Wanderweg zurück und biegen hier mit dem Zeichen gelbes Dreieck nach rechts ab. Nun spazieren wir erst auf einem breiten Waldweg, bis wir mit dem Schild »Schmaler Weg zum Hofstetter Stein« nach rechts verwiesen werden. Jetzt geht es auf einem Pfad weiter. Kurz darauf kommen wir zum *Hofstetter Stein* (640 m), der uns einen letzten Blick zur Ruine ermöglicht, dann wandern wir weiter.

Nach fünf Minuten bei einem *Sendemasten* geht es auf einem breiten Waldweg weiter. Knapp eine halbe Stunde später zweigt der Dreiecksweg nach rechts ab, wir behalten aber, nun ohne Markierung, unsere Richtung bei. Bald zieht der Weg nach links und bringt uns schließlich aus dem Wald. Nach links kommen wir nach *Hofstett*. Hier geht es nach rechts weiter, vorbei an einer der wenigen noch vorhandenen Hülen auf der Schwäbischen Alb, bis nach *Weiler*.

Am Ortsrand halten wir uns links, spazieren unterhalb der Kirche entlang und darauf nach rechts in den Ort hinein. An der Querstraße (Burggasse) biegen wir nach rechts, dann gleich nach links zur Landstraße ab. Sie bringt uns nach links zum bereits zu sehenden Ausgangspunkt.

- **Länge:**
  Etwa 8 Kilometer.

- **Zeit:**
  Etwa 2 ½ Stunden.

- **Höhenunterschied:**
  Etwa 180 Meter.

- **Empfohlene Karte:**
  Freizeitkarte 521 Göppingen, Landesvermessungsamt Baden-Württemberg.

- **Einkehrmöglichkeiten:**
  Ruine, Weiler.

- **Grillmöglichkeit:**
  Ruine.

- **Sonstiges:**
  Die Wanderung verläuft auf Pfaden und Forstwegen, ab Hofstett auf einem Sträßchen.

- **Kurzzugang:**
  Vom Parkplatz aus zur Ruine etwa 5 Minuten. Von der Ruine kommt man in knapp einer Viertelstunde zum Ödenturm.

Ruine Hohenrechberg

Schwäbisch Gmünd – Metlangen – Ruine Hohenrechberg – Straßdorf – Schwäbisch Gmünd

Diese Wanderung beginnt zwar mit einem strammen Anstieg, dafür bietet sie aber herrliche Aussichten und mit dem Hohenrechberg eine der am besten erhaltenen Stauferburgen unserer Gegend.

- **Ausgangspunkt:**
  Schwäbisch Gmünd.

- **Wegverlauf:**
  Wer mit der Bahn kommt, geht beim *Bahnhof* am Zentralen Omnibus-Bahnhof (ZOB) auf der westlichen Seite auf der Rektor-Klaus-Straße zur B 29, überquert diese und biegt gleich nach der Ampel und der Rems mit dem gelben Radwegschild nach rechts in Richtung »Lorch« ab. Es geht erst entlang des Flüsschens, dann treffen wir auf den mit blauem Strich markierten Wanderweg und folgen ihm in Richtung »Geologischer Pfad Hölltal« aus der Stadt hinaus. Autofahrer aus Richtung Stuttgart verlassen die B 29 bei der Ausfahrt »Schwäbisch Gmünd West« und fahren in Richtung Stadt. Gleich an der ersten Straße biegt man nach links ab bis zur Querstraße, wo man auf das Wanderzeichen blauer Strich trifft. Auch hier gilt die Beschilderung »Geologischer Pfad Hölltal«. An einer Verzweigung kurz danach hält man sich mit dem blauen Kreuz links und kommt zum *Waldparkplatz,* wo der Geologische Lehrpfad beginnt, der uns bis zum Hohenrechberg begleitet.

Wir wandern nun mit dem blauen Punkt durch das *Hölltal*. Es geht zum Teil durch Waldstücke, teilweise durch die Bachauen mit Feuchtwiesen, auf denen Mädesüß, Kohldisteln oder der Riesenschachtelhalm zu finden sind. Wir steigen nun hinauf bis zur Landstraße. Etwas nach links versetzt gehen wir nach *Metlangen* hinein und biegen an der Bushaltestelle an der Reitprechtser Straße nach rechts ab. Kurz darauf beginnt an der Straße Unter der Ruine ein weiterer Aufstieg nach links.

Nach einem Anstieg, der aber wegen der schönen Rückblicke über eine freie Landschaft recht kurzweilig ist, erreichen wir die ersten Häuser von Rechberg. Wir folgen erst dem Grießbachweg, gleich darauf aber biegt der mit dem roten Strich markierte Weg nach links ab und bringt uns hinauf zur *Ruine Hohenrechberg*.

Die Freiherren von Rechberg residierten bis 1585 auf der einstigen Burg, aus der die **Ruine Hohenrechberg** (644 m) entstand. Der erste des Geschlechts, der urkundlich erwähnt wurde, war 1179 Ulrich von Rechberg, Dienstmann der Hohenstaufen. Damals befanden sich die Herren von Rechberg im Dienste der Staufer und wurden von ihnen mit führenden Reichsämtern wie dem des Marschalls des Herzogtums Schwaben oder mit der Würde eines Bischofs von Augsburg oder Speyer versehen. Ulrich beispielsweise war zehn Jahre nach seiner Erwähnung Kastellan des Hohenstaufens und fünf Jahre

Die Burg Hohenrechberg wurde nie von Feinden erobert und brannte erst im 19. Jahrhundert durch Blitzschlag aus.

In der Burg Hohenrechberg

später Marschall des Herzogtums Schwaben. Die Rechberger standen aber nicht nur beim Hochadel, sondern auch bei den Bauern der Umgebung in hohem Ansehen. Dies sieht man schon daran, dass Hohenrechberg verschont blieb, als die Burgen der Umgebung während des Bauernkriegs zerstört wurden. Einen Rechberger schlugen die Bauern sogar als Schlichter vor – vielleicht aber auch deshalb, weil einer von ihnen die Tochter Götz von Berlichingens zur Frau hatte. Und Götz war bekanntlich eine Zeit lang einer der Heerführer der Bauern.

Im 16. Jahrhundert gelangte die Burg einmal kampflos an die Württemberger, die sie später jedoch den Rechbergern zurückgaben. Auch im Dreißigjährigen Krieg, als die Rechberger sie schon lange nicht mehr bewohnten, sondern sie von Vögten und Verwaltern bewirtschaftet wurde, ist sie einmal kurzfristig übergeben worden. Die Anlage wurde nie von Feinden erobert, sondern erst 1865 durch einen Brand zerstört. Nach den Rechbergern diente die Anlage als Vogtei und Sitz des Försters, bis sie einem Wintergewitter zum Opfer fiel.

In der Anlage sind drei oder vier Bauperioden nachzuweisen. Der älteste, westliche Teil geht noch auf die alte Burg um 1200 zurück. Im Osten kann man aber bereits die Einflüsse des Festungsbaus des 14. und 15. Jahrhunderts erkennen. Zwischen dem 14. und 15. oder 16. Jahrhundert wurde die Anlage zur Festung ausgebaut. Sie liegt auf einem Felsklotz. Heute noch führt von der Ruine eine Steinbrücke vom Berghang über einen Sattel zur Vorburg. Der tiefe Graben wurde einst von einer Zugbrücke überspannt. Neben dem großen Haupttor gibt es noch ein kleines Fußgängertörlein, das so genannte Schlupfloch. Der Torbau geht auf das 15. Jahrhundert zurück. Man gelangt dann über einen Wehrgang zu dem runden Verteidigungsturm, an dem noch Schießscharten und Gusslöcher zu sehen sind. Weiter kommt man entlang der Zwingermauer, dem ältesten staufischen Bauteil der Anlage, zum inneren Tor der Hauptburg. Dahinter liegt der dreieckige Lichthof, hinter dem sich das Herrenhaus mit dem Arsenal befand. Ein weiteres Tor führt zum inneren Burghof. Um den Hof herum befindet sich das, was von den Wohngebäuden noch übrig blieb. Das mehrgeschossige Herrenhaus auf der Ostseite wurde im 15. und 16. Jahrhundert erbaut. Die Außenmauern sind teilweise mit einem Rundgang erschlossen, der prächtige Ausblicke zum Hohenstaufen und zur »blauen Mauer« der Schwäbischen Alb bietet. Der Wehrgang ist restauriert, sodass man eine gute Vorstellung von der mittelalterlichen Kriegstechnik erhält.

Nach der Besichtigung steigen wir auf dem Sträßchen entlang der Kreuzwegstationen weiter hinauf bis zur *Wallfahrtskirche*. Hinter ihr führt der Wanderweg weiter. Im Wald stoßen wir auf eine Verzweigung, wo wir uns an den linken Weg in Richtung »Straßdorf« halten (blauer Strich). Ein Pfad bringt uns steil hinab zu einem Forstweg; wir überschreiten ihn, kommen zur Landstraße und folgen hinter dieser Straße dem Wanderweg weiter. Die Abzweigung nach Straßdorf kurz darauf beachten wir nicht. Ab jetzt gehen wir mit dem blauen Kreuz in Richtung »Waldstetten« bis zu einem Querweg nach einem Sendemasten, wo wir uns links halten. Es geht nun aus dem Wald hinaus und über Wiesen bis zur Landstraße, die uns nach links nach *Straßdorf* bringt.

Kurz nach Ortsbeginn biegen wir mit einem Radwegschild nach links in die Heldenbergstraße ein. Etwas später an der Landstraße orientieren wir uns kurz rechts bis zur Kirche, biegen aber noch vor ihr nach links in den Metlanger Weg ein. Er bringt uns zum Ortsrand und zur Landstraße, und etwas nach links versetzt spazieren wir auf der anderen Seite weiter zum Wald. Wir gehen erst ein

Stück an seinem Rand entlang, bis wir an der Verzweigung am Waldabteilungsschild »Neidling XII 4 Bildwand« auf dem linken, ebenen Weg bleiben. Er zieht bald nach rechts und bringt uns vor die ersten Wohnhäuser, bei denen wir nach links abbiegen. Nun wandern wir auf dem mit dem blauen Kreuz markierten Remsweg hinab ins *Hölltal* und zum Parkplatz. Wer zum Bahnhof muss, spaziert auf bekanntem Weg nach rechts zurück.

- **Länge:**
  Etwa 11 Kilometer (ab Waldparkplatz).

- **Zeit:**
  Etwa 3–4 Stunden.

- **Höhenunterschied:**
  Etwa 400 Meter.

- **Empfohlene Karte:**
  Freizeitkarte 521 Göppingen, Landesvermessungsamt Baden-Württemberg.

- **Einkehrmöglichkeiten:**
  Metlangen, Rechberg.

- **Sonstiges:**
  Die Wanderung verläuft auf Naturpfaden und befestigten Wegen.

- **Kurzzugang:**
  Unterhalb der Burg befindet sich ein Parkplatz, von dem aus man in wenigen Minuten zu der Anlage hochgestiegen ist.

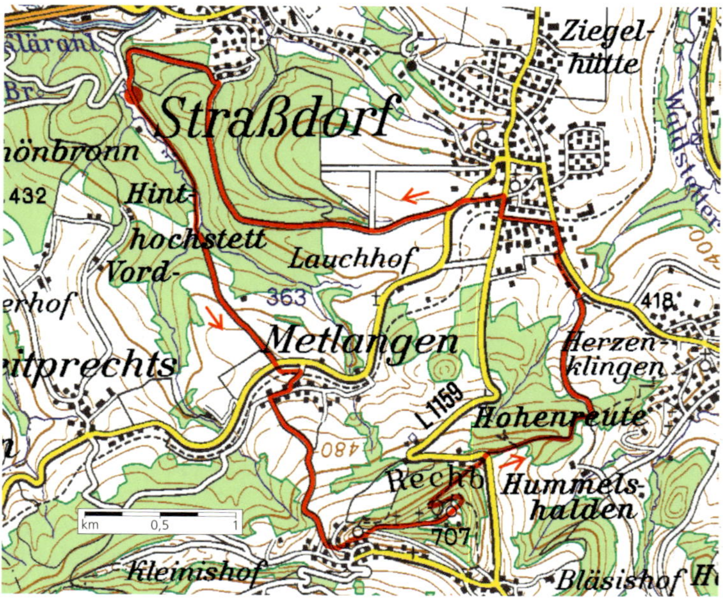

Pfiffige Wegbegleiter von Dieter Buck

Mit vielen Farbfotos, detailgenauen Karten und interessanten Rad- und Wandertouren.

Wanderziel Westliche Alb
ISBN 978-3-87407-696-8

Wanderziel Östliche Alb
ISBN 978-3-87407-697-5

Spazier-Ziele auf der westlichen Alb
ISBN 978-3-87407-687-6

Spazier-Ziele auf der östlichen Alb
ISBN 978-3-87407-688-3

Wasserziele im Ländle
ISBN 978-3-87407-579-4

Burgenziele im Ländle
ISBN 978-3-87407-732-3

Aussichtsziele im Ländle
ISBN 978-3-87407-626-5

Ausflugsziel Gäu
ISBN 978-3-87407-698-2

Ausflugsziel Hohenlohe
ISBN 978-3-87407-699-9

Ausflugsziel Remstal
ISBN 978-3-87407-512-1

Ausflugsziel Schwäbisch-Fränkischer Wald
ISBN 978-3-87407-648-7

Ausflugsziel Stromberg-Heuchelberg
ISBN 978-3-87407-547-3

Ausflugsziel Schönbuch
ISBN 978-3-87407-375-2

Ausflugsziel Unterland
ISBN 978-3-87407-735-4

Dieter Buck/Harald Schukraft: Stuttgarter Grenz-Wanderungen
ISBN 978-3-87407-551-0

Stuttgarter Wanderbuch
ISBN 978-3-87407-647-0

Wandern in der Region Stuttgart
ISBN 978-3-87407-734-7

Malerische Städteziele im Ländle
ISBN 978-3-87407-705-7

jeweils 160–168 Seiten, rund 100 Abbildungen

In Ihrer Buchhandlung.

Silberburg-Verlag

www.silberburg.de